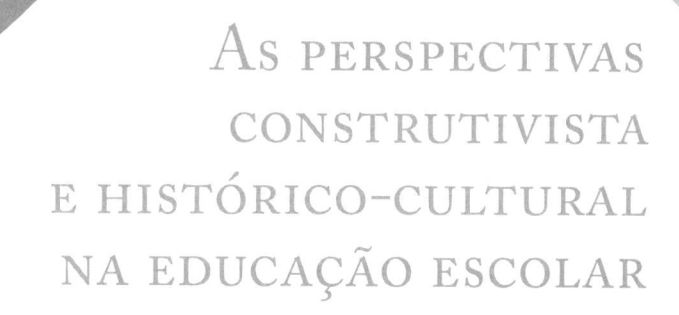

As perspectivas
construtivista
e histórico-cultural
na educação escolar

O selo DIALÓGICA da Editora InterSaberes faz referência às publicações que privilegiam uma linguagem na qual o autor dialoga com o leitor por meio de recursos textuais e visuais, o que torna o conteúdo muito mais dinâmico. São livros que criam um ambiente de interação com o leitor – seu universo cultural, social e de elaboração de conhecimentos –, possibilitando um real processo de interlocução para que a comunicação se efetive.

As perspectivas construtivista e histórico-cultural na educação escolar

Tania Stoltz

EDITORA
intersaberes

Av. Vicente Machado, 317 – 14º andar
Centro – CEP 80420-010 – Curitiba – PR – Brasil
Fone: (41) 2103-7306
www.editoraintersaberes.com.br
editora@editoraintersaberes.com.br

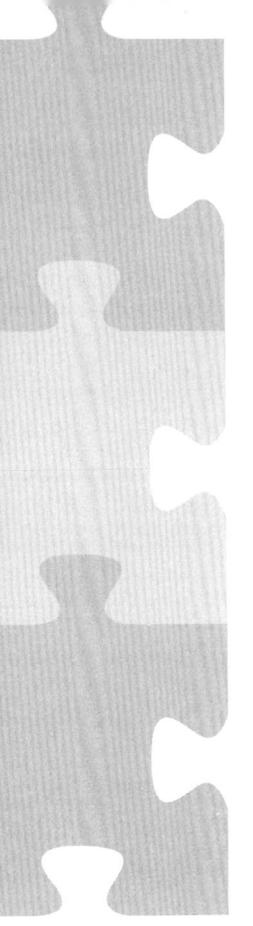

Conselho editorial	Dr. Ivo José Both (presidente)
	Drª Elena Godoy
	Dr. Nelson Luís Dias
	Dr. Ulf Gregor Baranow
Editor-chefe	Lindsay Azambuja
Editor-assistente	Ariadne Nunes Wenger
Editor de arte	Raphael Bernadelli
Preparação de originais	Keila Nunes Moreira
Capa	Denis Kaio Tanaami
Ilustração de capa	Rafael Mox – Estúdio Leite Quente
Projeto gráfico	Frederico Santos Bularmaqui
Iconografia	Jassany Omura Gonçalves

Dados Internacionais de Catalogação na Publicação (CIP)
(Câmara Brasileira do Livro, SP, Brasil)

Stoltz, Tania
    As perspectivas construtivista e histórico-cultural na educação escolar / Tania Stoltz. – Curitiba: InterSaberes, 2012. – (Série Fundamentos da Educação).

    Bibliografia.
    ISBN 978-85-8212-206-8

1. Cognição 2. Psicologia educacional I. Título. II. Série.

12-08515   CDD-370.15

Índices para catálogo sistemático:
1. Psicologia educacional   370.15

Foi feito o depósito legal.
Informamos que é de inteira responsabilidade da autora a emissão de conceitos.
Nenhuma parte desta publicação poderá ser reproduzida por qualquer meio ou forma sem a prévia autorização da Editora InterSaberes.
A violação dos direitos autorais é crime estabelecido na Lei nº 9.610/1998 e punido pelo art. 184 do Código Penal.

1ª edição, 2012.

Sumário

Apresentação, 7
Organização didático-pedagógica, 9
Introdução, 13

1 A visão interacionista e construtivista de Piaget, 15
1.1 Como se processa o desenvolvimento cognitivo, 17 | 1.2 Fatores responsáveis pelo desenvolvimento cognitivo, 22 | 1.3 Características das estruturas do conhecimento e implicações pedagógicas, 26

2 Vygotsky e a perspectiva histórico-cultural, 51
2.1 Fundamentos do pensamento vygotskyano, 54 | 2.2 Principais conceitos da perspectiva vygotskyana, 58 | 2.3 Educação e desenvolvimento, 64

3 Práticas educativas e desenvolvimento humano, 75
3.1 Função social e socializadora da educação, 78 | 3.2 A família como sistema, 81 | 3.3 Funções da família, 84 | 3.4 Estilos parentais e desenvolvimento, 86

Considerações finais, 101
Glossário, 105
Referências, 107
Bibliografia comentada, 111
Respostas, 113
Sobre a autora, 115

Apresentação

Muitas vezes, sentimo-nos despreparados para entender certos comportamentos de nossos alunos em sala de aula. Por que alguns têm tanta facilidade em aprender e outros parecem não avançar na compreensão dos conteúdos? Essas dificuldades se justificariam pela não construção de estruturas cognitivas? E o que dizer daqueles que aprendem matemática e não conseguem progredir na compreensão da história?

Por outro lado, também temos dúvidas sobre como ensinar a criança, o adolescente e o adulto, considerando o seu desenvolvimento cognitivo e afetivo. Podemos ensinar qualquer coisa para qualquer pessoa? Como intervir para facilitar a aprendizagem?

Se considerarmos que o ser humano não nasce pronto, mas, sim, que é fruto de sua interação com o meio físico, social e cultural, quais seriam as interações mais favoráveis para um desenvolvimento psicológico sadio? Quais as dinâmicas familiares menos favoráveis a esse desenvolvimento?

O foco de atenção desta obra está, principalmente, em dois grandes clássicos da psicologia da educação – Piaget e Vygotsky –, pois acreditamos que esses teóricos possam contribuir significativamente para entendermos como as pessoas se desenvolvem e aprendem. No primeiro capítulo, salientamos as ideias de Piaget sobre a ação do sujeito como motor do desenvolvimento, que se traduz em um processo autorregulador. A aprendizagem, para esse teórico, depende do nível de desenvolvimento alcançado.

No segundo capítulo, apresentamos as ideias de Vygotsky, o qual enfatiza a origem sociocultural do desenvolvimento e entende os processos de aprendizagem como geradores de desenvolvimento. A relação entre negociação de significados e produção de sentido está no cerne do trabalho do professor na escola. O processo de internalização, para Vygotsky, explica a passagem das interações entre as pessoas (ou realizadas externamente) para as interações dentro da própria pessoa, e representa um conceito importante para entendermos as relações entre aprendizagem e desenvolvimento.

Por fim, no terceiro capítulo, discutimos brevemente a qualidade das interações educativas nos espaços escolares e não escolares e, ainda, algumas possibilidades de desenvolvimento psicológico. Como contribuir positivamente com esse processo é a tônica da última parte desta obra.

Organização didático-pedagógica

Esta seção tem a finalidade de apresentar os recursos de aprendizagem utilizados no decorrer da obra, de modo a evidenciar os aspectos didático-pedagógicos que nortearam o planejamento do material e como o aluno/leitor pode tirar o melhor proveito dos conteúdos para seu aprendizado.

> **Iniciando o diálogo**
>
> Apresentaremos, neste capítulo, os principais conceitos da abordagem histórico-cultural de Vygotsky para a educação. Esse é outro autor interacionista, ou seja, que entende o processo de desenvolvimento como resultado da interação do indivíduo com o meio social e

- Iniciando o diálogo

  Logo na abertura do capítulo, você é informado a respeito dos conteúdos que nele serão abordados, bem como dos objetivos que a autora pretende alcançar.

• Síntese

cada capítulo da presente obra conta com um sumário dos conteúdos abordados, no intuito de demonstrar resumidamente a linha de raciocínio da autora e de facilitar a pesquisa de itens mais pontuais do texto.

• Indicações culturais

com o objetivo de enriquecer os temas analisados e de sugerir fontes de pesquisas complementares, cada item da obra inclui sugestões da própria autora a respeito de referências bibliográficas de livros, filmes, *sites* e outros materiais de mídias e suportes variados.

• Atividades de autoavaliação

para que o leitor possa testar os conhecimentos adquiridos no ato da análise da obra, ao final de cada capítulo constam atividades avaliativas de múltipla escolha, em um total de cinco questões.

- Atividades de aprendizagem

  essa seção conta com uma subdivisão analítica, consistindo em questões para reflexão e em atividades aplicadas: prática, as quais são apresentadas a seguir.

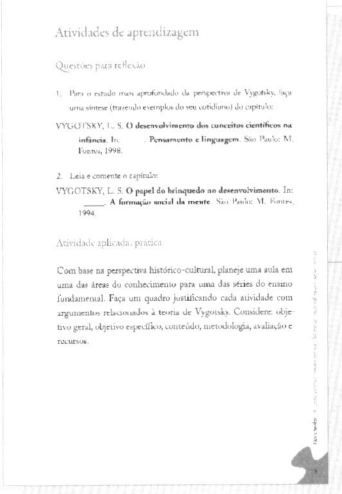

- Questões para reflexão

  essas questões têm o objetivo de incentivar o leitor a confrontar conhecimentos acumulados nas leituras dos capítulos com o seu próprio conhecimento de mundo, levando-o a analisar as múltiplas realidades que o rodeiam.

- Atividades aplicadas: prática

  com o objetivo de aliar os conhecimentos teóricos adquiridos nas leituras aos conhecimentos práticos dos quais o próprio leitor usufrui, as atividades práticas pressupõem propostas de cunho eminentemente dialógico, seja em proposições de enquetes, entrevistas ou mesmo depoimentos, seja nos trabalhos em grupo, que contribuem para o compartilhamento de informações e experiências.

- Bibliografia comentada

  a obra também lança mão de uma bibliografia mais detalhada, com considerações da própria autora a respeito dos conteúdos explorados e da metodologia utilizada pelos autores citados, para que o leitor tenha uma noção preliminar das obras com que terá contato.

Introdução

No entendimento de todo fato ou fenômeno há sempre a possibilidade de diferentes perspectivas de análise. Este livro se propõe a ser uma delas: a da psicologia da educação.

A psicologia da educação é um campo de estudo de natureza aplicada, a qual pode ser entendida como uma disciplina ponte entre a psicologia e a educação. Seu objetivo é compreender os processos de desenvolvimento e aprendizagem do ser humano.

Essa área da psicologia estuda as mudanças no comportamento das pessoas que foram provocadas ou induzidas por situações educativas formais ou informais. Isso significa que as mudanças são o resultado de nossa participação em situações educativas, as quais podem acontecer até o fim de nossa vida (Coll et al., 1995).

Trata-se, portanto, de um livro que aborda as relações dialéticas entre o desenvolvimento psicológico e a educação e a nossa construção a partir de interações sociais estabelecidas no meio em que vivemos.

Conhecer os fundamentos psicológicos a partir da perspectiva interacionista é importante para entendermos o processo de desenvolvimento psicológico que ocorre quando a pessoa aprende e, também, para podermos intervir nesse processo.

Esperamos que por meio deste livro você desenvolva algumas reflexões sobre desenvolvimento e aprendizagem na perspectiva interacionista e possa aproveitá-las na prática educativa, nos contextos formais e informais.

1.

A visão interacionista e construtivista de Piaget

Iniciando o diálogo

Neste capítulo, apresentaremos alguns dos principais conceitos da teoria piagetiana sobre o desenvolvimento cognitivo, trazendo algumas de suas implicações para a educação. Abordaremos o desenvolvimento intelectual e moral da criança e do adolescente e a forma de entender esse processo e de intervir para favorecer esse desenvolvimento.

1.1
Como se processa o desenvolvimento cognitivo

Um dos teóricos interacionistas mais conhecidos é o suíço Jean Piaget (1896-1980). Piaget era biólogo por formação e desenvolveu uma teoria chamada de *epistemologia genética*. Essa teoria define-se como o estudo do conhecimento a partir de sua gênese, de seu início. É por essa razão que esse autor se interessa pelo estudo do processo de desenvolvimento do conhecimento do ser humano desde o seu nascimento até a vida adulta.

Todo o processo de desenvolvimento da cognição, que abrange as diferentes atividades da mente humana (memória, percepção, imagem mental, raciocínio, entre outras), surge através da interação da pessoa com o meio físico e social. Isso significa que não há inteligência inata, mas que ela é construída a partir da interação. O construtivismo piagetiano explica a passagem de um nível de menor conhecimento para um de maior conhecimento. É preciso entender que, ao mesmo tempo que o sujeito constrói o objeto, constrói a si mesmo como sujeito. E tudo isso por meio de sua ação interativa com o meio em que vive.

Piaget (1936) observa que os seres humanos se adaptam e organizam o que foi adaptado em sistemas coerentes. Essas características, as capacidades de adaptação e de organização, constituem o que o autor chama de *invariantes funcionais*, ou seja, estão sempre presentes no funcionamento cognitivo. A adaptação é um processo dinâmico e contínuo, no qual a estrutura do organismo interage com o meio externo para se reconstituir e criar uma nova significação para o sujeito. O que é adaptado é, depois, organizado em sistemas coerentes na mente deste. Assim, podemos entender que a construção da nossa inteligência e do real não acontece de forma isolada e fragmentada, ela representa sempre a integração do que é assimilado em um sistema.

> O construtivismo piagetiano explica a passagem de um nível de menor conhecimento para um de maior conhecimento. É preciso entender que, ao mesmo tempo que o sujeito constrói o objeto, constrói a si mesmo como sujeito. E tudo isso por meio de sua ação interativa com o meio em que vive.

Isso quer dizer que toda a construção de nossa inteligência e de nossa compreensão da realidade processa-se a partir da adaptação e da organização. Essas são as grandes categorias explicativas dessa evolução. Entendê-las, no entanto, não é tão simples.

Para entender a adaptação, é preciso conhecer os seus mecanismos fundamentais: a assimilação e a acomodação.

A assimilação é o processo de incorporação do objeto aos esquemas que o sujeito já construiu. Esse mecanismo permite uma primeira compreensão da realidade, que pode, contudo, ser deformada, dependendo dos esquemas práticos e conceituais que o sujeito possui. Se explicássemos o conhecimento somente pela assimilação, não entenderíamos a possibilidade de avanços. Por isso, a assimilação é constantemente balanceada pela acomodação.

A **acomodação** é o processo de ajuste do sujeito ao objeto novo. Isso não ocorre de uma hora para a outra, mas lentamente, por aproximação, determinando a possibilidade de avanço do conhecimento. A adaptação pode ser entendida como um estágio temporário de equilíbrio. Temporário porque logo aparecerão novos objetos por conhecer, que determinarão novos desafios para o sujeito.

> **pare e pense**
>
> Por que não poderíamos somente acomodar sem assimilar?

Porque, nesse caso, só imitaríamos e não poderíamos utilizar esse conhecimento em novas situações. Seria como se cada vez partíssemos do zero, e não de algo que já foi construído. Nessa situação, a evolução não seria possível. No caso do primado da assimilação, usamos o que já construímos e que está disponível por meio de esquemas e estruturas que nos permitem interpretar e entender a realidade em um primeiro momento.

Toda compreensão envolve, portanto, algo que precisa ser assimilado com os recursos de que o sujeito dispõe, para que depois ele possa se ajustar à realidade. Por exemplo: quando a pessoa nasce, possui, basicamente, a atividade dos reflexos. É a partir dela que vai conhecer a realidade, como no caso do **reflexo de sucção**, que lentamente vai sendo substituído pela **atividade adaptada de sucção**.

Vamos imaginar que a criança mama no peito da mãe e precisa passar para a mamadeira. Essa passagem envolve uma nova adaptação, em que a criança vai assimilar o novo – a mamadeira – aos esquemas que já construiu envolvendo a sucção no peito da mãe. Esse ajuste é lento e gradual, não ocorre de uma hora para a outra. A criança vai, primeiro, abrir a boca para a mamadeira como se fosse o peito da mãe. Isso representa a assimilação. Até conseguir beber o leite normalmente na mamadeira, há um longo processo de ajuste, o que diz respeito à acomodação.

> **Saiba mais**
>
> É importante você saber que ambos, assimilação e acomodação, determinarão a conduta adaptada, que é sempre provisória, pois logo surgirão novos objetos do conhecimento que desequilibrarão o sujeito.

Estamos sempre nos adaptando à realidade; e fazemos isso até o fim da vida. Novos objetos de conhecimento podem nos desequilibrar, levando à necessidade de novas compreensões, as quais envolvem assimilação e acomodação.

Outro exemplo para compreendermos esse processo pode ser visto no lento processo de aquisição da linguagem. A criança está rodeada de pessoas que falam com ela, mas só muito lentamente se aproxima dessa linguagem. Primeiro, ouvimos somente alguns ruídos, vocalizações representativas da linguagem da criança. Há aqui uma indiferenciação entre assimilação e acomodação. A criança pequena precisa perceber que o seu som é diferente daquele emitido no meio em que vive. Só assim poderá fazer novas adaptações. De um *pa* inicial significando "papai", há muitos ajustes a serem feitos até chegar à palavra *papai*.

Agora, vejamos um exemplo entre adolescentes e adultos. Quando apresentamos um novo conceito científico, a forma como ele é entendido depende dos esquemas conceituais já construídos pelo sujeito. Nas suas respostas espontâneas vão surgir interpretações desse conceito mais ou menos distantes da verdade, conforme as suas experiências prévias com ele. Se o sujeito percebe a contradição advinda do conflito entre o que sabe e o que está sendo apresentado, esse conflito pode levar a um novo entendimento, determinando uma modificação nos esquemas e uma nova interpretação.

O que dissemos nos leva à importância da noção de conflito cognitivo na teoria piagetiana. O conflito cognitivo é interno ao sujeito e constitui-se na contradição entre o que o sujeito sabe e o que lhe está sendo apresentado pelo meio. O avanço na compreensão requer esse conflito e sua ultrapassagem.

> **pare e pense !** Em que esses conceitos nos ajudam a atuar na sala de aula?

Quando ensinamos, precisamos, primeiro, resgatar o conhecimento que o sujeito já traz, para, a partir disso, levá-lo a refletir sobre o conhecimento científico com o qual estamos trabalhando. É isso que pode levá-lo a uma nova compreensão, não apenas a aula expositiva. É preciso que o sujeito interaja com o conhecimento científico, relacionando-o com o que sabe, perceba o seu não saber e construa uma nova compreensão.

Nesse processo, o papel do professor é fundamental, não só porque ele organiza e apresenta o conhecimento mais elaborado para o aluno, mas porque, com diferentes atividades envolvendo problemas e desafios, contribui para a construção do conhecimento deste. Assim, toda a apropriação do conhecimento depende de uma atividade construtiva do estudante, assimilando e acomodando esse conhecimento para que sejam possíveis a apropriação do conhecimento científico pelo aluno e a criação de um conhecimento novo.

Com as adaptações, surgem primeiramente os esquemas. **Esquema** é a unidade básica do conhecimento, define-se como a essência da ação e pode ser utilizada em outras situações, ou seja, é passível de generalização. É a interação do sujeito com o objeto que leva ao aparecimento e à reformulação de esquemas.

Um conjunto de esquemas e sua coordenação determinam o aparecimento de **estruturas**, que são sistemas de transformação que permitem o entendimento e a resolução de problemas na realidade. As estruturas só podem ser percebidas quando o sujeito atua na realidade resolvendo problemas.

A interação com o meio físico e social permite a lenta construção de estruturas. Há um conjunto de fatores que explica a passagem de um grupo de estruturas para outro. Veremos esses fatores na sequência.

1.2
Fatores responsáveis pelo desenvolvimento cognitivo

Um conjunto de fatores é apontado por Piaget (1964) para explicar o desenvolvimento da inteligência. São eles: maturação orgânica, experiência com objetos, interação e transmissão social e equilibração.

A **maturação orgânica** refere-se ao amadurecimento do sistema nervoso. É uma condição de possibilidade de desenvolvimento, mas esse fator não pode ser tomado por si só para explicá-lo, uma vez que o desenvolvimento requer experiência, interação com as pessoas e o processo autorregulador de equilibração. No entanto, esse fator é indispensável pelo simples fato de que, mesmo

> O conflito cognitivo é interno ao sujeito e constitui-se na contradição entre o que o sujeito sabe e o que lhe está sendo apresentado pelo meio. O avanço na compreensão requer esse conflito e sua ultrapassagem.

que investíssemos em todos os outros fatores, não haveria a possibilidade de a criança pequena compreender, por exemplo, a álgebra, o teorema de Pitágoras e muitos outros conhecimentos formais, pela falta de amadurecimento biológico.

A **experiência com objetos** é outro fator fundamental para o desenvolvimento da inteligência. Piaget (1964) distingue aqui duas espécies de conhecimento: o físico e o lógico-matemático.

O **conhecimento físico** provém da abstração física e leva ao domínio de atributos e propriedades dos objetos. Já o **conhecimento lógico-matemático** surge da abstração reflexionante, aquela que retira suas observações não mais dos objetos, mas da coordenação das ações sobre eles. As relações, aqui, estão na mente do sujeito, e não no objeto, como no conhecimento físico. A experiência não explica por si só o desenvolvimento do conhecimento porque sua compreensão depende da maturação e dos demais fatores. Isso explica por que a criança pequena manipula objetos, mas não compreende o processo de transformação que levou ao êxito ou ao fracasso da ação.

Outro fator de igual importância é a **interação** e a **transmissão social**. Esse fator implica a necessidade da experiência com pessoas para que o desenvolvimento cognitivo aconteça. Essa interação vai determinar o acesso a diferentes conhecimentos e a diferentes formas de concebê-los. É a partir do confronto com a diferença que o ser humano pode avançar em seu desenvolvimento, uma vez que o fator da interação não pode ser tomado de forma isolada. Por exemplo: rodear uma criança de sábios não bastaria para torná-la sábia, pois ela precisaria agir sobre o conhecimento, e essa ação estaria relacionada a processos maturativos do organismo. Por outro lado, sabemos que contextos culturais mais ricos estão relacionados a acelerações no desenvolvimento cognitivo, assim como contextos culturais mais pobres estão relacionados a atrasos no desenvolvimento de estruturas do conhecimento.

O que coordena os demais é o fator interno autorregulador de *equilibração*. Esse processo é responsável pela integração dos outros três fatores e pelo avanço no desenvolvimento cognitivo. Consiste no processo de busca de um novo equilíbrio a partir de uma situação de desequilíbrio cognitivo. O equilíbrio é sempre provisório e representa uma adaptação. O processo, consistindo em equilíbrios e desequilíbrios, denomina-se *equilibração*. A partir desse fator, podemos entender por que, às vezes, só muito depois de termos acesso a um conhecimento conseguimos compreendê-lo. Por isso, muitas vezes, vemos avanços na escrita ou na compreensão de determinado conteúdo por nossos alunos apenas depois das férias. Da mesma forma que os anteriores, esse fator não explica por si só o desenvolvimento porque depende dos outros três para ser ativado.

Em resumo, esses quatro fatores explicam o processo de desenvolvimento de estruturas que permitem o conhecimento.

> **pare e pense !** Mas, e a aprendizagem? Qual a relação que você encontrou entre desenvolvimento e aprendizagem na teoria piagetiana?

Para Piaget (1964), o desenvolvimento explica a aprendizagem, e não o inverso. Para entender o que ele quer dizer, devemos começar pela sua compreensão do que é *aprendizagem*. Esse autor distingue duas espécies de aprendizagem: em sentido *lato* e em sentido *stricto*.

A aprendizagem em sentido *stricto* está relacionada a uma situação específica, uma experiência, um treino, e leva a um conhecimento limitado, restrito àquele conteúdo. Esse tipo de aprendizagem tende a enfatizar os aspectos figurativos do pensamento – imitação, percepção, memória, imagem mental – e permite o conhecimento de estados, não de transformações.

Já a aprendizagem em sentido *lato* confunde-se com o próprio desenvolvimento e está relacionada aos aspectos operativos do conhecimento, ligados às transformações. Os aspectos operativos explicam o processo de transformação que levou a dado conhecimento.

Piaget (1964) expressa que o que deve ser enfatizado na educação são os aspectos operativos ou o pensar sobre as transformações, e não sobre os estados. O conhecimento figurativo leva apenas a uma memorização sem compreensão, que logo é esquecida.

> **pare e pense**
> Mas como você pode contribuir para o favorecimento da aprendizagem *lato sensu*?

Solicitando sempre relações entre conhecimentos de diferentes ordens, como o exercício da atividade reflexiva da criança entre o conhecimento que possui e o conhecimento científico. Podemos apresentar-lhe problemas que, para serem resolvidos, necessitam do conhecimento científico e ativam a capacidade de ela pensar nas relações de sua realidade com esse conhecimento; que a levem a pensar de forma ativa e crítica sobre ele, determinando a sua construção.

> **pare e pense** ❗ Por que, na perspectiva de Piaget, o desenvolvimento vem antes da aprendizagem?

Porque, para aprender qualquer coisa, primeiro assimilamos – e este é um movimento que requer a interpretação do dado novo a partir de esquemas e estruturas já construídos. Isso significa que, para que tenhamos algum avanço no conhecimento, é preciso sempre incorporarmos primeiro o dado novo ao conhecimento que já possuímos. Só depois nos ajustamos ao objeto por conhecer.

A partir da interação do sujeito com o meio, ele constrói lentamente uma série de estruturas. As idades em que essas estruturas aparecem não são o fator mais importante, mas sua sequência determina progressivamente maior capacidade para entender e atuar na realidade. Essas estruturas passam a compor uma espiral em que a nova estrutura parte da estrutura inferior, integrando-a e ultrapassando-a.

Passaremos à apresentação dessas estruturas na sequência.

1.3
Características das estruturas do conhecimento e implicações pedagógicas

As primeiras estruturas que se constroem são as **sensório-motoras**. Elas iniciam seu processo de desenvolvimento a partir dos reflexos inatos. Em suas atividades, o bebê utiliza os sentidos (tato, olfato, paladar, visão e audição) e também desenvolve o exercício de sua motricidade. É essa atividade que vai determinar as primeiras adaptações sensório-motoras. Os primeiros esquemas surgem da coordenação de reflexos – e essa é a gênese da inteligência para Piaget (1936). Os reflexos logo desaparecem e o que fica são as primeiras construções sensório-motoras, como os esquemas de sucção, de preensão, de coordenação dessas ações e muitos outros que não nascem com o bebê, mas que são lentamente construídos pela interação dele com objetos e pessoas. Essa primeira forma de inteligência constitui-se em uma inteligência prática, que se define pelo seu uso.

Nessa exploração de seu entorno, o bebê constrói a sua primeira noção de tempo, espaço, causalidade e objeto permanente. A construção do objeto permanente implica na permanência do objeto na mente da criança, independente de esta percebê-lo com os sentidos (Piaget, 1937). Por exemplo, independente de ouvir, cheirar, tocar, ver e perceber a existência da mãe durante a amamentação, o bebê sabe que ela existe. Outro exemplo para entendermos a construção do objeto permanente pode ser o da brincadeira de esconder diferentes objetos que se encontram no campo visual do bebê. Se antes a criança não reagia ao ser escondido o objeto, como se este deixasse de existir por não ser percebido, reage agora buscando o objeto não acessível aos seus sentidos, pois tem a capacidade de representá-lo

Cleverson Bestel

simbolicamente. Porém, essa capacidade de representação simbólica foi construída a partir de uma interiorização da ação prática. Isso, então, vai possibilitar a ela sair de seu egocentrismo físico, ou seja, de sua incapacidade em distinguir o que é próprio do seu corpo e o que é próprio do meio em que vive.

É muito importante, durante esse período, permitir que a criança interaja com diferentes objetos, de várias texturas, cores e sons. Igualmente importante é essa criança poder fazer o reconhecimento do seu espaço com seus movimentos. No entanto, a estimulação excessiva pode estressá-la, levando a bloqueios em seu desenvolvimento. Ela só compreende o que pode assimilar, portanto, não adianta forçar o desenvolvimento.

Quanto ao desenvolvimento da moralidade, a criança de zero a dois anos encontra-se basicamente em um estágio de anomia moral, que se define pela ausência de normas ou regras. A criança não nasce, portanto, com noções de limites, regras ou normas. Essas noções são construídas a partir de sua interação com o meio. Através da interação da criança com as regularidades que o meio lhe oferece – atividades que são desenvolvidas em certos tempos, como comer, dormir e brincar –, lentamente desenvolve-se uma noção primitiva de regras na passagem das estruturas sensório-motoras para as estruturas pré-operatórias (Piaget, 1977).

A passagem das estruturas sensório-motoras para as estruturas pré-operatórias, segundo grupo de estruturas a ser construído, ocorre com a possibilidade de interiorização da ação prática. Em torno de dezoito meses e dois anos temos mais claramente o início da representação simbólica. Ela se expressa, sobretudo, por meio da linguagem, mas também através da imagem mental, imitação, jogo simbólico, desenho e sonho. Esse período costuma se prolongar dos dois aos sete ou oito anos de idade (Piaget, 1978).

É característico desse período o egocentrismo psíquico, que determina a incapacidade de a criança entender que suas necessidades, desejos e interesses não são os mesmos dos outros e que as outras pessoas pensam de forma diferente da dela. Isso faz com que ela tenha dificuldade em coordenar seu pensamento com o de outras pessoas. Seria o que se observa em crianças na idade aproximada de quatro anos: estão juntas, buscam umas às outras, mas cada uma faz a sua construção ou brinca de seu jeito.

A partir do egocentrismo, a criança imagina-se como o centro do universo. Ela também acredita que o ser humano é o centro do universo e que, portanto, todas as coisas foram criadas para ele. Tudo segue os seus desejos, como em uma mágica. Por exemplo: a Lua e as nuvens a seguem; se ela desejar que chova ou que faça Sol, vai chover ou fazer um dia ensolarado.

Existem diversas manifestações do egocentrismo. Por exemplo: a criança pensa que os objetos e os outros seres vivos possuem vida semelhante à humana. Essa manifestação do egocentrismo chama-se *animismo*. É por isso que as crianças se encantam tanto com histórias em que animais, árvores e plantas falam.

Outra manifestação do egocentrismo é o **artificialismo**. Nele, a criança crê que os seres humanos criaram os fenômenos naturais; que o Sol e a Lua, por exemplo, foram criados pelo homem.

O **realismo** da criança pré-operatória é outra manifestação do seu egocentrismo. A partir dele, palavras, retratos, sonhos ou sentimentos existem objetivamente. A criança desconhece a possibilidade de estes serem apenas um ponto de vista. Imagina, por exemplo, que os nomes são parte da coisa nomeada e que, quanto maior a palavra, maior o objeto que esta representa.

Assim, o raciocínio da criança pré-operatória é sincrético, não se baseia na lógica, mas sim na contiguidade. Aqui a criança imagina uma relação causal entre objetos ou fatos que ocorrem juntos. Por exemplo, a rua faz com que o carro ande ou o carro anda porque foi tocada a buzina.

No **jogo simbólico**, característico da criança desse período, ela toma um objeto para representar outro. Por exemplo: um apagador pode ser um carro, a criança pode ser um super-herói, uma fada, a mãe, o pai, o que quiser. Nele, ela muda a realidade a seu bel-prazer. Isso representa um predomínio da assimilação sobre a acomodação: a criança incorpora a realidade aos seus desejos e conhecimentos.

O jogo simbólico é de grande importância para o desenvolvimento da criança nesse período (Piaget, 1978). A partir dele, ela experimenta a possibilidade do diferente por meio da imaginação e da brincadeira. Muitos estudiosos do desenvolvimento infantil apontam como a principal característica do desenvolvimento a brincadeira e o jogo. O jogo simbólico deve ser estimulado pelo educador de diferentes formas: teatro, música, dança, brincadeiras livres, entre outras. É muito importante que a criança crie seu enredo em função de suas necessidades.

Outra manifestação nesse período, diferente do jogo simbólico, é a possibilidade de **imitação**. A criança tem a capacidade de imitar uma série de situações, pessoas, símbolos, entre outros. Trata-se de uma atividade que tem na acomodação o seu polo predominante. Por quê? Porque há um marcante ajuste do sujeito ao objeto, com uma mínima assimilação prévia. Isso significa que não há compreensão do que é imitado. Imita-se por imitar, sem a possibilidade de generalizações.

> É muito importante, durante esse período, permitir que a criança interaja com diferentes objetos, de várias texturas, cores e sons. Igualmente importante é essa criança poder fazer o reconhecimento do seu espaço com seus movimentos. No entanto, a estimulação excessiva pode estressá-la, levando-a a bloqueios em seu desenvolvimento. Ela só compreende o que pode assimilar; portanto, não adianta forçar o desenvolvimento.

O jogo simbólico e a imitação são as principais atividades do pré-operatório e devem ser estimuladas. A criança está se apropriando lentamente de sua realidade, basicamente a partir das atividades nesse período. Nelas, retoma mentalmente tudo o que foi praticado na ação, o que resulta em uma inteligência representativa. Devemos, como educadores, solicitar inúmeras formas dessa capacidade de representação, como evidenciamos anteriormente. Contar histórias, representá-las, imaginar outros personagens, outros desfechos da história, dançar, fazer teatro, desenho, música, pintura, escultura, brincar com a linguagem com trava-línguas e muitas outras atividades podem contribuir para o desenvolvimento da inteligência da criança nesse período.

pare e pense ❗ Mas, então, o que falta a essa inteligência?

Falta-lhe a reversibilidade mental e a noção lógica de conservação. A **reversibilidade mental** permite a compreensão através do conhecimento do processo que levou dado objeto, fato ou fenômeno a ser o que é. Compreender implica, então, dominar o processo que levou a um êxito ou fracasso. Vai além do saber fazer. Quando a criança consegue retornar mentalmente ao ponto de partida, apreendendo o processo de transformação que levou a dado resultado, ela compreende o processo.

Vamos tentar entender!

A criança pré-operatória sabe fazer muitas coisas, mas não compreende o porquê daquilo que faz. Quando indagada, diz que é porque alguma autoridade mandou, porque ela quer, porque é assim, ou descreve o que viu e experimentou para explicar o fato. Falta-lhe a reversibilidade mental que vai estabelecer a coordenação entre meios e fins do que é lembrado.

Um exemplo clássico para verificar a ausência desse raciocínio na criança pequena é a experiência da conservação de massa. Tomando duas quantidades iguais de massa (atestadas pela criança), pega-se uma delas e a alonga em forma de uma salsicha comprida na frente da criança. A criança pré-operatória dirá que agora a quantidade de massa, ou "o tanto de comer", mudou porque virou salsicha ou porque a salsicha é mais comprida. Inúmeras outras experiências poderiam ser aqui citadas e todas apontariam para o raciocínio da criança ser dominado pela percepção imediata. O que ela vê e percebe imediatamente é o que é tomado como conhecimento.

É assim, também, com dois copos com a mesma quantidade de líquido (atestada pela criança). Você substitui um dos copos por um de formato alongado e fino, por exemplo, e despeja o mesmo líquido nele; a criança, em função de ver o nível da água mais elevado, pensa que a quantidade de líquido mudou.

Essas respostas demonstram a ausência do pensamento reversível. Bastava à criança lembrar e coordenar todos os momentos anteriores para chegar a um resultado correto. Mesmo a massa em forma de bola tendo a mesma quantidade de massa em formato de salsicha e o líquido contido nos dois primeiros copos ser o mesmo, a criança se iludiu pela percepção imediata do que viu na transformação.

A ausência do pensamento reversível está ligada à não conservação. A criança não consegue perceber que certas características de um objeto se mantêm, apesar da mudança na forma. Lembrando do exemplo da salsicha, a forma é diferente, mas a quantidade de massa permanece a mesma, visto que ninguém tirou ou colocou massa durante o processo.

> O jogo simbólico e a imitação são as principais atividades do pré-operatório e devem ser estimuladas. A criança está se apropriando lentamente de sua realidade, basicamente a partir das atividades nesse período.

A conservação é uma noção lógica e, portanto, envolve uma necessidade interna. A criança do operatório-concreto responde com facilidade às questões citadas porque consegue conservar algo, perceber que algo se mantém, mesmo com formas diferentes. É por isso que a criança pré-operatória tem "pré-conceitos" e intui conceitos, não possuindo ainda conceitos verdadeiros. Ela não consegue entender a essência do conceito que reúne muitos objetos e que estes podem ter formas bem diferentes. É o caso do conceito de fruta, que reúne elementos bastante diferentes, como morango e jaca.

> **pare e pense!** O que faz com que objetos de formatos tão diferentes possam ser reunidos em um mesmo conceito?

Certamente algo presente tanto na jaca como no morango, mas que não é visível na forma. Assim, a elaboração do conceito envolve um nível superior de abstração e implica algo que se conserva a despeito das mudanças em sua forma de apresentação.

Os conceitos da criança pré-operatória são práticos e ela não consegue reunir objetos com mais de um atributo. Baseia-se mais na semelhança entre os objetos e na intuição de que um objeto tem relação com outros. No início do pré-operatório, um objeto é representativo de todos. Por exemplo, quando a criança avista um cachorro parecido com o seu, diz que é o seu.

É preciso solicitar à criança diferentes classificações e relações, levá-la a pensar sobre as diferenças e as semelhanças entre os objetos, sobre as relações que estão além do objeto em si, mas na sua mente. Essas atividades podem contribuir para a construção das estruturas subsequentes.

Quanto ao desenvolvimento da moralidade no período pré-operatório, o que se observa não é mais a ausência de normas e regras, mas um reconhecimento de normas ou regras criadas pela autoridade que devem ser obedecidas. A criança passa a entender as normas como imanentes e que

> Os conceitos da criança pré-operatória são práticos e ela não consegue reunir objetos com mais de um atributo. Baseia-se mais na semelhança entre os objetos e na intuição de que um objeto tem relação com outros.

nunca podem ser mudadas. Os pais, a professora, Deus e outros que representam a autoridade são apontados para explicar a criação das normas. Há severas sanções para quem não as respeita. Fala-se de uma moral heterônoma, que aparece antes da possibilidade de uma moral autônoma (Piaget, 1977).

No que diz respeito à educação, é fundamental no pré-operatório o trabalho com limites, regras e normas, porém permitindo a participação das crianças na construção destes, a partir de suas representações da realidade.

As estruturas operatório-concretas surgem a partir do momento em que podemos ver a capacidade de conservação e de raciocínio reversível. Tudo o que a criança pré-operatória não conseguia realizar passa a fazer agora, atuando com as estruturas operatório-concretas. Lentamente, elas se iniciam entre seis e sete anos, em média, e requerem um longo caminho até a sua construção.

Há agora a possibilidade de pensamento racional. A criança estabelece relações entre os conhecimentos a que teve acesso, classifica-os e organiza-os logicamente. A essência do conhecimento racional é a operação que transforma a realidade no sentido da compreensão. Essa transformação vai permitir o conhecimento do processo que levou a um dado resultado.

Cleverson Bestel

> **pare e pense** ❗ O que isso significa?

Significa que, para conhecer, é preciso construir, transformar o objeto de conhecimento, retornando mentalmente ao seu ponto de partida. É por essa razão que aprendemos somente quando operamos com o conhecimento, quando interagimos ativamente, não quando copiamos. Primeiro vem a produção, depois a apropriação. Nesse processo, como já dissemos, estão presentes a assimilação e a acomodação. A criança do operatório-concreto consegue realizar operações a partir de sua realidade concreta. Nesse sentido, há uma grande diferença entre a criança centrada em si mesma do período pré-operatório e a criança descentrada do período operatório-concreto.

Piaget (1973a) observou certo número de estruturas organizadas de pensamento que são reversíveis e logicamente organizadas, isso significa que cada elemento está relacionado a cada um dos outros. As estruturas operatório-concretas são chamadas de *estruturas de agrupamentos lógicos* e envolvem a lógica das classes e a das relações.

A lógica das classes diz respeito às operações de inclusão, exigindo da criança a capacidade de lidar com relações. As classes podem ser somadas para formar outra maior, mas também podem ser multiplicadas, o que, na lógica, requer que cada elemento seja combinado a cada um dos demais.

Já a lógica das relações refere-se à ordenação lógica das operações, por meio da qual a criança pode organizar seus conhecimentos em ordem crescente ou decrescente. Essas relações podem ser simétricas (como nas relações conhecidas) ou assimétricas (como nas relações não familiares, em que não há a indicação de que estas sejam consistentes). Nos dois casos, as relações podem ser somadas ou multiplicadas e a multiplicação pode tomar como base duas ou mais relações (Piaget; Szeminska, 1941).

As características apontadas são de grande importância para o educador, pois estabelecem a diferença de pensamento da criança pré-operatória em relação ao da operatório-concreta e indicam a importância do trabalho com experiências concretas, solicitando o estabelecimento de relações não só sobre o que a criança vê e percebe ao desenvolver a experiência, mas também a partir da coordenação das ações realizadas por ela sobre os objetos. Trabalhar com desafios mostra-se, novamente, muito importante porque pode levar a criança a novas construções, a partir, basicamente, da abstração reflexionante.

Outro ponto fundamental é fazer com que a criança reflita sobre o que realizou na ação, para identificar o que a levou ao êxito ou ao fracasso (Stoltz, 2001). Essa retomada do processo pode conduzir a tomadas de consciência que envolvem a abstração reflexionante e permitem a generalização do conhecimento aprendido para novas situações.

No que se refere ao desenvolvimento moral, a criança do operatório-concreto inicia o desenvolvimento da sua autonomia, mas de uma autonomia na ação (Piaget, 1977). Em função disso, consegue trabalhar em grupo, coordenando o seu ponto de vista com o dos demais membros. Essa diminuição do egocentrismo é um dos fatores essenciais do surgimento da lógica incipiente.

A criança no operatório-concreto passa a compreender que normas e regras foram criadas pelos homens e que podem perfeitamente ser mudadas. Outra coisa que a preocupa é o sentimento de justiça. Exige que as regras sejam válidas para todas as pessoas do mesmo grupo. Seus julgamentos, quando percebe atos incorretos, levam em consideração a intenção daquele que praticou o ato, bem diferente das sanções expiatórias[a] do pré-operatório, e relacionadas aos estragos feitos pela ação.

Se fossem tomadas duas crianças – uma que tenha derrubado sem querer vinte xícaras e outra que, de propósito, tenha quebrado apenas uma –, a criança no pré-operatório daria maior punição à que cometeu o maior estrago. Já no operatório-concreto, ela considera a intenção e entende que a primeira criança não deveria ser considerada culpada na situação. Aqui existe uma moral por reciprocidade.

Em função do reconhecimento das normas – de que elas podem ser mudadas e que valem para todos do grupo –, essas crianças envolvem-se com grande interesse em jogos de regras e podem aprender muito dessa forma, inclusive construindo brincadeiras com situações-problema que incluam o pensar reflexivo sobre diferentes conteúdos.

---

pare e pense ! Como se portar diante da característica da moralidade da criança?

Em primeiro lugar, é preciso respeitá-la como sujeito de direito: conversar com ela sobre regras e normas, deixá-la participar da elaboração destas, estar aberto para considerar os seus argumentos, os quais, muitas vezes, dizem respeito à igualdade de direitos. Em suma, é preciso considerar que essa criança tende a não se conformar com o argumento de autoridade e que é preciso dar a

---

a A sanção expiatória apresenta a característica de ser arbitrária, isso quer dizer que não há nenhuma relação entre o conteúdo da sanção e a natureza do ato sancionado. Pouco importa, por exemplo, que, na punição de uma mentira, inflijamos ao culpado um castigo corporal, ou o privemos de seus brinquedos, ou, ainda, o obriguemos a uma tarefa escolar. A única coisa necessária é a relação entre "o sofrimento imposto e a gravidade da falta" (Piaget, 1977, p. 179-180).

ela a oportunidade de discutir com seus pares e autoridades sobre essa questão.

Os trabalhos em pequenos grupos, já fundamentais no pré-operatório, pois preparam para o operatório-concreto, são aqui extremamente importantes porque vão atuar no favorecimento da descentração do aluno e da ampliação das possibilidades de resolução de desafios e problemas. No entanto, as respostas não podem estar prontas, requerendo apenas que sejam encontradas. É preciso que a criança discuta a sua realidade em pequenos grupos, tendo por base o conhecimento científico.

O trabalho com jogos em grupos, mediado pelo professor, o qual provoca os alunos a acharem justificativas lógicas para suas respostas, é igualmente importante, bem como o trabalho com jogos abordando conteúdos em pequenos grupos.

Em torno dos onze e doze anos, temos o início de um novo grupo de estruturas que integra e reorganiza o que foi construído no período anterior (Piaget, 1970). As estruturas **operatório-formais** avançam em relação às operatório-concretas porque as possibilidades, já iniciadas neste último período, estendem-se ao infinito. Não há mais a limitação do real conhecido e vivido. É possível propor teorias a partir do que nunca se viveu ou experimentou no mundo real, simplesmente pela capacidade ampliada de dedução. Em sua última formulação, Piaget (Piaget, 1970) fala do fechamento desse grupo de estruturas em torno dos 20 anos, acompanhado da ilimitada abertura ao mundo dos possíveis.

Uma das principais características das estruturas operatório-formais é a condição de lidar em pensamento com **hipóteses**, considerando várias possibilidades, testando uma variável de cada vez e mantendo as outras constantes. Outra característica é o **raciocínio proposicional**, que possibilita fazer deduções valendo-se tão somente da linguagem e da subordinação do real ao mundo das possibilidades, o que leva à construção de novas teorias explicativas.

O adolescente no período formal é capaz de produzir novas teorias, ou seja, fazer ciência. Essa é também a base do pensamento do adulto. Ele é capaz de integrar um vasto conjunto de conhecimentos em um sistema, o que amplia consideravelmente a sua capacidade de entendimento em relação à criança do operatório-concreto.

As transformações que o adolescente é capaz de realizar podem ser entendidas a partir das transformações de identidade, negação, reciprocidade e correlação: o grupo INRC. Esse grupo compreende todas as relações possíveis de fatores, organizando-os em um sistema combinatório. Além disso, o adolescente pode fazer

Em primeiro lugar, é preciso respeitar a criança como sujeito de direito: conversar com ela sobre regras e normas, deixá-la participar da elaboração destas e estar aberto para considerar os seus argumentos, os quais, muitas vezes, dizem respeito à igualdade de direitos.

deduções por meio de hipóteses (proposições do tipo *se... então...*) para além de um mundo concreto e visível.

Exemplificando o grupo INRC, Piaget e Inhelder (1983) montaram uma balança e colocaram à disposição vários pesos, que podiam ser colocados em pontos diferentes ao longo de sua barra de equilíbrio. A balança foi colocada com pesos iguais em cada um de seus braços, no entanto, em desequilíbrio, isto é, um peso mais próximo do centro da balança e outro no lado oposto, mais na ponta. Então, os sujeitos eram convidados a colocar a balança em equilíbrio.

Se um peso for colocado em um dos braços determinando a falta de equilíbrio, podemos voltar ao equilíbrio retirando o peso (negação). Podemos, também, colocar um peso idêntico, a igual distância, mas no lado oposto (reciprocidade). O equilíbrio também pode ser restaurado se colocarmos um peso maior mais próximo ao centro ou um menor mais distante do centro da balança (correlação). Por último, podemos retirar todos os pesos, determinando novamente o equilíbrio original da balança (identidade).

Em torno dos doze anos, o adolescente começa a ser capaz de realizar a tematização. Trata-se da reflexão sobre o próprio pensamento ou a possibilidade de realizar operações elevadas à segunda potência. São essas operações que o levarão à construção de novas teorias e a explicações sobre a realidade, baseadas na lógica formal.

No que se refere ao desenvolvimento da moralidade, as estruturas operatório-formais determinarão a capacidade de autonomia em pensamento, que avança em relação à autonomia na ação. Há aqui a capacidade de identificar mentalmente diferentes caminhos, deduzir suas consequências e fazer escolhas conscientes.

No entanto, de acordo com Piaget (1974a; 1974b), a **tomada de consciência** refere-se sempre a uma noção específica, nunca a uma iluminação geral. Podemos pensar no processo de tomada de consciência como o resultado da reflexão sobre a coordenação entre meios e fins na produção de determinado resultado. Se no início temos consciência de um objetivo a alcançar e de um resultado, a tomada de consciência está relacionada ao processo que levou de um a outro. O professor pode ajudar provocando o aluno a pensar sobre o seu processo de realização de atividades, a pensar sobre o que sabe fazer.

A construção da autonomia é um trabalho para o resto da vida do sujeito. Os educadores que trabalham com adolescentes e adultos devem ter em mente que Piaget (1970) fala de um sujeito nas suas melhores possibilidades, um sujeito virtual. O sujeito real, muitas vezes, nos dá indicativos de raciocínio inferior ao esperado. O próprio autor supracitado reconhece que é possível que o pensamento formal só se expresse em situações em que o sujeito exerça a sua especialidade, em que ele interaja mais. Considerando a interação dos quatro fatores (maturação orgânica, experiência com

> Uma das principais características das estruturas operatório-formais é a condição de lidar em pensamento com hipóteses, considerando várias possibilidades, testando uma variável de cada vez e mantendo as outras constantes.

objetos, interação e transmissão social e equilibração) responsáveis pelo desenvolvimento cognitivo, é possível pensar, dependendo do meio, na impossibilidade de desenvolvimento cognitivo normal e no não aparecimento de indícios de raciocínio formal.

Em nossa atividade como educadores, precisamos ter claro que o melhor ensino é o que se inicia por situações reais e concretas, mesmo com adultos, articulando posteriormente esse conhecimento com a ciência. Sabemos hoje que o conhecimento se rege mais por critérios funcionais e pragmáticos e que estes são os primeiros esquemas a serem construídos. O conflito cognitivo torna-se, aqui, necessário para a criação da necessidade de conceitos que fundamentem teoricamente a atividade prática. O aluno precisa sentir a necessidade de uma explicação mais elaborada porque é ele que, em última análise, constrói o conhecimento.

Sabemos que os primeiros esquemas, sendo práticos e configurando um saber prático do aluno, tanto podem facilitar (se forem sentidos como insuficientes), como também bloquear o acesso a novos conhecimentos.

Essa aparente contradição, muitas vezes, é observada na educação de adultos. Nesse sentido, torna-se importante provocar o aluno para que ele perceba as lacunas entre o saber espontâneo e o científico. Esse conflito cognitivo vivido pelo sujeito pode levá-lo a rever seus conceitos, reelaborá-los e reconstruí-los. Cabe ao professor fazer o aluno pensar a partir do que já sabe.

Isso nos leva ao grande objetivo da educação em uma perspectiva piagetiana: o desenvolvimento do raciocínio crítico e reflexivo. A educação deve se voltar ao desenvolvimento da autonomia intelectual e moral do sujeito, e duas barreiras impedem que isso aconteça: o egocentrismo (barreira individual) e o sociocentrismo (barreira social) (Piaget, 1965).

No início da construção das estruturas formais, aparece no adolescente uma espécie de egocentrismo que o leva a pensar que é uma espécie de centro das atrações, que todos o observam em seu modo de ser e de se portar. Essa mesma característica o conduz a explicações idealistas da realidade ou a visões extremistas.

O egocentrismo, em todas as suas manifestações, é uma barreira para o desenvolvimento da racionalidade. Mas o sociocentrismo é igualmente negativo, pois representa o autoritarismo do meio em que o sujeito se encontra e com o qual interage. Constitui-se no domínio e na exigência de obediência a uma certa ideologia e a um sistema rígido de ideias que impedem o desenvolvimento de novas possibilidades de pensar e refletir que conduz à racionalidade.

Um dos aspectos essenciais quando se fala em educação na perspectiva de Piaget é que o erro faz parte do processo e, por isso, devemos levar o aluno a refletir sobre ele para que avance em compreensão. Mas isso não significa que não devamos dar ao aluno retorno das atividades realizadas. Ele precisa saber como está o seu desempenho. Ao professor, cabe trabalhar conhecimentos científicos e solicitar sua construção por parte do aluno. Essa construção deve ser acompanhada pelo professor e por outros alunos, os quais, por meio de questionamentos, apresentam novas reflexões que contribuem para a construção, possibilitando, assim, a apropriação do conhecimento científico e o seu uso em novas situações.

> A construção da autonomia é um trabalho para o resto da vida do sujeito.

Síntese

Neste capítulo, abordamos vários aspectos da teoria interacionista e construtivista de Piaget. Observamos que o desenvolvimento intelectual, assim como o da moral, está relacionado à interação ativa do sujeito com o meio físico e social. Nesse processo interativo, ele realiza novas adaptações, envolvendo assimilações e acomodações, e as organiza. Essas adaptações lhe permitem avanços no desenvolvimento das estruturas da inteligência e do conhecimento do real.

Enquanto vai construindo a realidade por meio da interação, constrói, também, a si mesmo como sujeito. Essa situação coloca Piaget (1936; 1973b; 1974a; 1974b), indiscutivelmente, em uma perspectiva interacionista, que tem sua expressão na dialética entre sujeito e objeto.

Vimos também o lento progresso no que se refere à construção de estruturas e que essa evolução determina o surgimento e a ampliação da capacidade de estabelecer relações até a articulação cada vez maior delas e sua integração em um sistema.

O educador pode contribuir com esse processo oferecendo vários objetos de conhecimento e instigando o aluno a interagir com eles no sentido de sua construção. Cabe a ele intervir para fazer os alunos pensarem sobre as suas próprias atividades e a refletirem sobre o processo que os levou ao êxito ou ao fracasso no trabalho com diferentes áreas.

O objetivo da educação, em uma perspectiva piagetiana, está voltado ao desenvolvimento do raciocínio autônomo, tanto no plano intelectual como no plano moral. Nesse sentido, é preciso, antes de tudo, dar voz ao aluno, discutir com ele objetos de conhecimento em pé de igualdade, mesmo sabendo que há uma desigualdade em termos de conhecimento científico.

O educador, com os diferentes conhecimentos que traz, ao lançar desafios e problemas aos alunos e levá-los a refletir sobre as suas próprias produções, pode contribuir para esse objetivo geral.

Indicação cultural

PIAGET on Piaget: the Epistemology of Jean Piaget. Direção: Claude Goretta. Produção: Yale University. Suíça: Yale University; Media Design Studio, 1977. Documentário.

Trata-se de um documentário filmado em Genebra sobre a visão construtivista e interacionista. Nele, Piaget mostra algumas experiências clássicas com crianças e apresenta os conceitos em que se baseiam seus estudos.

Podemos ainda encontrar filmes no Brasil sobre o desenvolvimento da moralidade, com apresentação de Ives de la Taille, e sobre o construtivismo, com apresentação de Lino de Macedo. Verifique na biblioteca de Psicologia da Universidade de São Paulo (USP) e na biblioteca de Ciências Humanas da Universidade Federal do Paraná (UFPR) ou, ainda, no acervo de vídeos do Setor de Educação da UFPR.

Atividades de autoavaliação

1. Assinale com V (verdadeiro) ou F (falso) as seguintes proposições:
    ( ) Piaget refere-se a uma adaptação psicológica a exemplo da adaptação biológica e entende o sujeito como passivo em relação ao meio no processo adaptativo.

( ) Uma das principais características da criança no período pré-operatório é o egocentrismo psíquico, que se define pela tendência de entender o meio a partir de si própria, de seus desejos e interesses.

( ) A operação é a essência do conhecimento. Isso significa que precisamos decorar o maior número possível de conteúdos para avançar.

( ) O período operatório-formal abre infinitas possibilidades de construções. Isso poderia explicar a base do raciocínio empregado na elaboração de uma nova síntese teórica na terceira idade.

( ) O objetivo da educação para Piaget é a heteronomia moral, ou seja, o sujeito ciente de que deve basear o seu raciocínio e responder a desafios valendo-se tão somente de uma autoridade expressa.

( ) Poderíamos entender o desenvolvimento da inteligência, a partir de Piaget, como envolvendo a passagem da centração no indivíduo para uma descentração, que possibilita a autonomia.

2. Assinale a alternativa que melhor responda à seguinte questão: Qual o papel do educador, de acordo com Piaget?

   a) Oferecer um único ponto de vista em relação ao conteúdo e cobrá-lo em avaliação para verificar a autonomia do aluno.
   b) Não permitir que o aluno discuta com o professor a forma como entende o conteúdo, pois isso poderia deixar o estudante confuso.
   c) Levar o aluno a trabalhar em pequenos grupos, discutindo questões desafiadoras que não estejam no material didático, mas que ele precisa consultar e conhecer para resolver.
   d) Dar lições de moral para desenvolver a moralidade do aluno.

3. Assinale a alternativa incorreta:

   a) Piaget criou a epistemologia genética, que é o estudo de como se processa o conhecimento a partir de sua origem.

   b) O jogo simbólico e a imitação estão entre as principais atividades cognitivas da criança a partir dos dois anos.

   c) A diferença entre o operatório-concreto e o operatório-formal é que o concreto envolve o pensar sobre a realidade conhecida e vivida e o formal pode subordinar a realidade ao mundo das possibilidades, não se limitando às explicações existentes.

   d) Atuar a partir da lógica das classes e das relações é a principal característica do período operatório-formal.

Atividades de aprendizagem

Questões para reflexão

1. Para um estudo mais aprofundado sobre a teoria piagetiana, faça uma síntese do livro:

   PIAGET, J. **Para onde vai a educação?** 14. ed. Rio de Janeiro: J. Olympio, 1998.

2. Realize uma pesquisa que aponte as diferentes possibilidades de o professor trabalhar em pequenos grupos na sala de aula.

Atividade aplicada: prática

Considerando o objetivo geral da educação, segundo Piaget, descreva minuciosamente o planejamento de uma atividade envolvendo um conteúdo científico para o ensino fundamental que contribua para o alcance desse objetivo.

2.

Vygotsky e a perspectiva histórico-cultural

Iniciando o diálogo

Apresentaremos, neste capítulo, os principais conceitos da abordagem histórico-cultural de Vygotsky para a educação. Esse é outro autor interacionista, ou seja, que entende o processo de desenvolvimento como resultado da interação do indivíduo com o meio social e cultural. Não é, portanto, inatista (entende que todo o desenvolvimento já estaria prefixado ao nascer) nem comportamentalista (defende que somente o meio é responsável pelo desenvolvimento do indivíduo).

Iniciaremos pelos **fundamentos do pensamento vygotskyano**.

Depois, passaremos para o delineamento do funcionamento psicológico baseado em modos culturalmente instituídos de ordenar o real.

Veremos as implicações do pensamento vygotskyano para a educação a partir de seus conceitos fundamentais. Enquanto Piaget concentra seus estudos no entendimento da compreensão do ser humano, Vygotsky (1994; 1998) enfoca a instrução e seu papel no desenvolvimento das funções psicológicas superiores, as quais distinguem o homem de outros animais.

2.1
Fundamentos do pensamento vygotskyano

Vygotsky (1896-1934), psicólogo russo, propôs-se a desenvolver uma nova psicologia, que considerasse não só o novo regime da Rússia depois de 1917, mas também a posição da psicologia como ciência. A psicologia vygotskyana representa uma síntese entre a psicologia como ciência mental e como ciência natural. Tem como premissa a consideração do homem como corpo e mente, ser biológico e ser social, pertencendo à sua espécie e, ao mesmo tempo, participando de um processo histórico.

Conforme Oliveira (1993) e Wertsch (1988), um dos pilares básicos do pensamento vygotskyano são as funções psicológicas superiores, que distinguem o homem de outros animais. São elas: ações conscientemente controladas, atenção voluntária, memorização ativa, pensamento abstrato e comportamento intencional. Essas funções têm uma base biológica – o cérebro – e podem ser observadas no desenvolvimento da espécie e do indivíduo. Vygotsky propõe a adoção de um método genético ou evolutivo para o estudo das funções psicológicas superiores e de outras questões psicológicas.

> Um dos pilares básicos do pensamento vygotskyano são as funções psicológicas superiores, que distinguem o homem de outros animais.

Os **processos psicológicos superiores**, ou **funções psicológicas superiores**, têm origem social e desenvolvem-se em um processo histórico. Eles aparecem primeiro nas relações sociais e através dos processos interpsicológicos ou intermentais (regulados e controlados pela interação com outras pessoas). Somente quando se tornam individuais é que podem ser efetuados no plano intrapsicológico ou intramental (reguladas e controladas pelo próprio indivíduo). A tese da origem das funções psicológicas superiores manifesta-se na lei geral do desenvolvimento cultural, que aponta para uma dupla formação: primeiro entre as pessoas, depois, no indivíduo (Oliveira, 1993; Wertsch, 1988).

A justificativa para a origem social desses processos está na ideia de que a relação entre o homem e o mundo não é direta, mas mediada por sistemas simbólicos. Os instrumentos que caracterizam a atividade propriamente humana podem ser do tipo físico (ferramentas que permitem a transformação do ambiente) e do tipo psicológico (signos ou sistemas de signos, linguagem concreta, sistemas numéricos e de representação gráfica e, de modo geral, toda forma de sistema convencional) (Oliveira, 1993; Wertsch, 1988).

Para Vygotsky (1979), o uso de signos como atividade mediadora define a nossa atividade como seres humanos porque estes têm a capacidade de inverter a ação. Segundo o pensamento vygotskyano, essa inversão da ação refere-se ao modo como os signos organizam o real. Essa organização permite a sua generalização, induz ao tipo de pensamento generalizante e leva o sujeito a ter consciência de seus processos mentais.

Os signos são estímulos artificiais por meio dos quais o homem pode controlar e regular o seu comportamento. É através deles que ocorre a internalização, conceito fundamental na perspectiva de Vygotsky (1994) e que se define pela passagem do interpsíquico ao intrapsíquico, ou da regulação pelos outros à autorregulação, determinando a possibilidade de controlar esses processos de forma consciente.

A operação de uso de signos não é encontrada em animais. Quando o homem introduz recursos auxiliares e artificiais para a memorização e cria e usa um estímulo como ferramenta para a memória, aparece uma característica de conduta especificamente humana.

Os sistemas de signos são elaborados lentamente a partir da evolução histórica e cultural da humanidade.

> Os signos são estímulos artificiais por meio dos quais o homem pode controlar e regular o seu comportamento.

Esses signos têm um caráter convencional e arbitrário. Somente quando interagimos com outras pessoas que já os dominam e são capazes de transmiti-los é que nos apropriamos deles.

O uso de instrumentos como mediadores para a transformação da natureza está relacionado ao conceito marxista de trabalho. Nessa concepção, há uma base material para a produção da consciência: o homem se transforma na medida em que transforma a natureza.

> Com o trabalho, refinou-se o uso de instrumentos e surgiu a necessidade de planejamento para uma ação coletiva, o que levou ao aprimoramento da comunicação social.

Para Vygotsky (1994), baseado em conceitos marxistas, pensamento e linguagem se unem graças ao trabalho humano. Com o trabalho, refinou-se o uso de instrumentos e surgiu a necessidade de planejamento para uma ação coletiva, o que levou ao aprimoramento da comunicação social. Desenvolveu-se, assim, durante o trabalho, a necessidade de intercâmbio dos indivíduos, o que determinou um salto no desenvolvimento humano. O pensamento verbal é o mais presente na ação psicológica especificamente humana.

> **Saiba mais**
>
> As formas objetivas da vida social representam a fonte da consciência e da liberdade humana na história da humanidade. Seguindo esse raciocínio, o desenvolvimento se processa a partir da mudança nas formas de mediação que o indivíduo é capaz de utilizar e nos tipos de processos que elas possibilitam: psicológicos inferiores *versus* psicológicos superiores. No momento de transição ou de crise, é produzida uma incorporação de novos fatores ao desenvolvimento que determina uma nova organização da consciência.

Cada etapa ou estágio do desenvolvimento inclui um conjunto de funções psíquicas que mantêm relações específicas entre si e um conjunto de princípios explicativos, também específicos, entre os quais estão os fatores biológicos, sociais e culturais.

2.2
Principais conceitos da perspectiva vygotskyana

Como vimos anteriormente, os signos são instrumentos psicológicos por meio dos quais podemos ter controle sobre a realidade. Em sua forma mais elementar, o signo é uma marca externa que auxilia o homem em tarefas que exigem memória ou atenção para a regulação das atividades psicológicas.

Os signos também podem ser interpretados como representações da realidade e se referir a elementos ausentes do espaço e tempo presentes, fazer relações mentais, imaginar, fazer planos, ter intenções. Mediante o processo de internalização, as marcas externas tornam-se signos internos, os quais substituem os objetos do mundo real. "Chamamos de internalização a reconstrução interna de uma operação externa" (Vygotsky, 1994, p. 74, grifo nosso).

As representações da realidade articulam-se em sistemas simbólicos, que são signos compartilhados. Esses sistemas simbólicos são socialmente dados. O sistema simbólico por excelência é a linguagem. Para Vygotsky (1998), a linguagem é um filtro através do qual o homem pode ver o mundo e operar sobre ele.

No processo de internalização, de passagem do interpsíquico para o intrapsíquico, a cultura está não só na origem, mas na passagem do social para o individual. A **cultura** é entendida como palco de negociações porque seus membros recriam e reinterpretam incessantemente informações, conceitos e significados.

A linguagem fornece os conceitos e as formas de organizar o real que constituem a mediação entre o sujeito e o objeto do conhecimento. Portanto, como funções básicas da linguagem, temos o intercâmbio social e o pensamento generalizante. Em relação ao pensamento, a linguagem fornece os conceitos e as formas de organizar o real. Já a possibilidade de generalização surge da ordenação do real em uma mesma categoria conceitual.

Entre o sujeito e o mundo objetivo estão formas culturalmente organizadas de elaborar o real que possibilitam o conhecimento de um ambiente estruturado, no qual todos os elementos são carregados de significados.

> **pare e pense !** Como isso ocorre no sujeito a partir do processo de internalização?

Primeiro o indivíduo realiza ações externas, as quais são interpretadas pelas pessoas de acordo com os significados culturalmente estabelecidos. A partir dessa primeira interpretação, abre-se a possibilidade para o indivíduo atribuir significado às suas próprias ações e desenvolver processos psicológicos internos. Esses processos podem ser interpretados por ele através dos mecanismos estabelecidos pelo grupo cultural e entendidos a partir dos códigos compartilhados pelos membros desse grupo.

Você pode verificar, assim, que a linguagem não é apenas forma, pois organiza o real para o sujeito, mas também uma função, porque permite, pelo seu uso, a própria consciência. Generalização e abstração ocorrem somente pela linguagem (Vygotsky, 1998).

É no significado culturalmente construído e partilhado que pensamento e palavra se unem e dão origem ao pensamento verbal. O significado é o componente essencial da palavra. Como dissemos, por ele temos a generalização e a possibilidade de transformação.

A instituição formal, que trabalha com o conhecimento, é, portanto, extremamente importante porque nela as transformações de significado ocorrem não mais a partir da experiência vivida, mas a partir de definições, referências e ordenações de diferentes sistemas conceituais, por sua vez mediados pelo conhecimento da cultura.

O meio ao qual o sujeito pertence é de extrema importância, pois a criança cada vez mais vai ajustando seus significados para aproximá-los dos conceitos mais presentes no grupo cultural e linguístico do qual faz parte.

Há aqui uma distinção fundamental entre **significados** e **sentidos**. Os significados são compartilhados pelo grupo cultural. Os sentidos, por outro lado, surgem do significado da palavra para o indivíduo e, portanto, dependem do contexto e de vivências afetivas.

> pare e pense ❗ Como a linguagem se internaliza e se torna instrumento do próprio pensamento?

A primeira manifestação da linguagem no sujeito é expressa pela linguagem externa ou fala social, cuja função é a comunicação social. Em um momento posterior, a fala egocêntrica acompanha a atividade do sujeito. Essa fala é o ponto de transição da fala social para a fala interior. A fala passa, então, a anteceder a atividade, orientando-a; só depois é internalizada e o discurso passa a ser interno. O sujeito vale-se do discurso para organizar e expressar o seu pensamento. Vygotsky (1994) observa que o pensar em voz alta não se limita a acompanhar a atividade da criança, mas está a serviço da orientação mental, da compreensão consciente também de adultos. O pensar em voz alta ajuda a superar dificuldades.

> Os significados são compartilhados pelo grupo cultural. Os sentidos, por outro lado, surgem do significado da palavra para o indivíduo.

pare e pense

Você percebeu que, na linguagem, há tanto um aspecto exterior, fonético, como um aspecto interior, semântico e significativo?

Muitas vezes, embora as crianças conheçam as palavras, não conseguem entender o que lhes é dito. Falta-lhes o conceito adequadamente generalizado que assegura o pleno entendimento. As formas mais complexas da comunicação humana só são possíveis porque o pensamento do homem reflete uma realidade conceitualizada. O trabalho com conceitos científicos é, aqui, de fundamental importância.

A abordagem histórico-cultural dos processos cognitivos compreende que a constituição histórico-cultural dos sujeitos não poderia deixar de entender que aprendizagem gera desenvolvimento pela própria importância da interação social no processo de construção das funções psicológicas humanas.

"A internalização das atividades socialmente enraizadas e historicamente desenvolvidas constitui o aspecto característico da psicologia humana; é a base do salto qualitativo da psicologia animal para a psicologia humana" (Vygotsky, 1994, p. 76).

A base do que somos está no processo de internalização. A partir de Vygotsky (1994, p. 75), vemos que esse processo envolve uma série de transformações, entendidas por ele a partir do uso de sistemas de signos e da mudança de atividade:

a. Uma operação que inicialmente representa uma atividade externa é reconstruída e começa a ocorrer internamente. É de particular importância para o desenvolvimento dos processos mentais superiores a transformação da atividade que utiliza signos, cuja história e características são ilustradas pelo desenvolvimento da inteligência prática, da atenção voluntária e da memória.

b. Um processo interpessoal é transformado num processo intrapessoal. Todas as funções no desenvolvimento da criança aparecem duas vezes: primeiro, no nível social, depois, no nível individual; primeiro, entre pessoas (interpsicológico), depois, no interior da criança (intrapsicológico). Isso se aplica igualmente à atenção voluntária, à memória lógica e à formação de conceitos. Todas as funções superiores originam-se das relações reais entre indivíduos humanos.

c. A transformação de um processo interpessoal num processo intrapessoal é resultado de uma longa série de eventos ocorridos no decorrer do desenvolvimento. O processo, sendo transformado, continua a existir e a mudar como uma forma externa de atividade por um longo período de tempo, antes de internalizar-se definitivamente. Para muitas funções, o estágio de signos externos dura para sempre, ou seja, é o estágio final do desenvolvimento. Para outras, vão além no seu desenvolvimento, tornando-se gradualmente interiores. Entretanto, elas só adquirem o caráter de processos internos como resultado de um desenvolvimento prolongado. Sua transferência para dentro está ligada a mudanças nas leis que governam sua atividade; elas são incorporadas em um novo sistema com leis próprias (Vygotsky, 1994).

Vygotsky (1994) faz uma distinção entre a linha natural e a linha sociocultural.

A linha natural está relacionada às funções psicológicas inferiores ou elementares: sensações, atenção e memória não voluntária, reações emocionais básicas, entre outras. Essas funções são encontradas no homem e em outros seres vivos, reguladas pelos estímulos do ambiente, e não são conscientes. Por exemplo: os bebês dão atenção prioritária a certos estímulos visuais e perceptivos e são naturalmente atraídos a responder a eles.

Para Vygotsky (1994), o aparecimento de funções psicológicas inferiores explica-se por princípios biológicos associados à maturidade neurofisiológica.

Já a linha sociocultural do desenvolvimento explica o aparecimento dos processos psicológicos superiores tipicamente humanos: pensamento abstrato, comportamento intencional, atenção ativa e consciente, afetividade, memória voluntária, entre outros. Esses processos surgem, como já vimos, apenas pela interação com o grupo humano, que é mediada por signos e sistemas simbólicos, o que conduz à autorregulação e à consciência.

A linha natural e a linha sociocultural não são entendidas como independentes, mas inter-relacionadas. Para Salvador et al. (1999, p. 104):

> *Vygotsky entende o desenvolvimento como um processo unitário e global, no qual confluem e se inter-relacionam os processos associativos às duas linhas de desenvolvimento e no qual os fatores biológicos e os sociais e culturais se encontram articulados em uma relação complexa de autêntica interação mútua.*

Assim, o acesso à consciência, em Vygotsky, depende da interação de um ser biológico em um contexto que é social e cultural por excelência.

2.3
Educação e desenvolvimento

O conceito de zona de desenvolvimento proximal ou potencial (ZDP) é um conceito poderoso, que vem dar suporte à noção de aprendizagem gerando desenvolvimento. Representa a distância entre o nível de desenvolvimento potencial, ou o que o sujeito consegue realizar com a ajuda de outros, e o nível de desenvolvimento real, ou o que ele pode realizar sozinho e que já possui em termos de desenvolvimento.

Há muitas ZDPs em cada um de nós, as quais são relativas às diferentes áreas do nosso conhecimento. Por exemplo: o nível de desenvolvimento real na matemática pode ser muito inferior ao nível de desenvolvimento real em história. É preciso conhecer esse nível nos alunos para poder intervir um pouco além dele.

> **Zona de desenvolvimento proximal** ou **potencial** (ZDP) representa a distância entre o nível de desenvolvimento potencial, ou o que o sujeito consegue realizar com a ajuda de outros, e o nível de desenvolvimento real, ou o que ele pode realizar sozinho e que já possui em termos de desenvolvimento.

Vygotsky (1994) expressa que o jogo e a brincadeira da criança criam ZDPs. No jogo, a criança assume papéis que estão adiante de seu desenvolvimento. É o caso do jogo simbólico, em que a criança representa a mãe, o pai, o dentista; papéis que não são seus, mas que aprendeu no meio social e cultural.

A mediação na ZDP vem a contribuir para o avanço no conhecimento. Se o investimento estiver no nível de desenvolvimento real, não haverá evolução; se, por outro lado, for muito acima deste, mesmo com ajuda não haverá um avanço. Para investir na ZDP, é preciso investir em problemas nem muito difíceis nem muito fáceis para o aluno, algo que ele, com ajuda do professor ou de um colega mais experiente, consiga resolver.

Ao professor cabe atuar na ZDP do aluno para que este torne real o que primeiro é potencial, uma vez que só é possível a imitação de ações que estão na ZDP. A criança não consegue imitar tudo, só o que se encontra na ZDP.

Conforme afirma Vygotsky (1998, p. 126):

O aprendizado geralmente precede o desenvolvimento. A criança adquire certos hábitos e habilidades numa área específica, antes de aprender a aplicá-los consciente e deliberadamente. Nunca há um paralelismo completo entre o curso do aprendizado e o desenvolvimento das funções correspondentes.

A consciência individual e os aspectos subjetivos são essenciais ao desenvolvimento. Na teoria de Vygotsky (1998), eles surgem em função da reconstrução e da reelaboração dos significados pelo indivíduo, os quais foram transmitidos pelo grupo cultural.

Em sua obra *Pensamento e linguagem*, Vygotsky (1998) esclarece que é por meio dos significados originados no grupo cultural que o indivíduo estabelece conceitos. Os conceitos surgem, então, pela generalização dos significados, realizada por meio de signos e pela interiorização destes.

Esse processo de interiorização de conceitos inicia-se durante o desenvolvimento da criança e a partir da sua interação com o mundo social. A esse respeito, a relação entre a construção de conceitos espontâneos e de conceitos científicos é de grande importância para a educação. Vygotsky (1998, p. 135) aponta dois percursos diferenciados, mas que mantêm relação dialética entre si:

> *O desenvolvimento dos conceitos espontâneos da criança é ascendente, enquanto o desenvolvimento dos seus conceitos científicos é descendente, para um nível mais elementar e concreto. Isso decorre das diferentes formas pelas quais os dois tipos de conceitos surgem. Pode-se remontar a origem de um conceito espontâneo a um confronto com uma situação concreta, ao passo que um conceito científico envolve, desde o início, uma atitude "mediada" em relação ao seu objeto.*

Vygotsky (1998) observa que é preciso certo desenvolvimento de um conceito espontâneo para que a criança possa compreender um conceito científico correspondente. Ele cita o exemplo dos conceitos históricos, que só se aprimoram se o conceito cotidiano de passado estiver suficientemente desenvolvido em relação ao presente.

> *Ao forçar a sua lenta trajetória para cima, um conceito cotidiano abre caminho para um conceito científico e o seu desenvolvimento descendente. [...] Os conceitos científicos desenvolvem-se para baixo por meio dos conceitos espontâneos; os conceitos espontâneos desenvolvem-se para cima por meio dos conceitos científicos.* (Vygotsky, 1998, p. 136)

Para explicar melhor a influência dos conceitos científicos no desenvolvimento mental de crianças (de fundamental interesse para o trabalho na escola), Vygotsky (1998, p. 136) faz uma analogia com o aprendizado de uma língua estrangeira:

> *A influência dos conceitos científicos sobre o desenvolvimento mental da criança é análoga ao efeito da aprendizagem de uma língua estrangeira, um processo que é consciente e deliberado desde o início. Na língua materna, os aspectos primitivos da fala são adquiridos antes dos aspectos mais complexos. Esses últimos pressupõem uma certa consciência das formas fonéticas, gramaticais e sintáticas. No caso de uma língua estrangeira, as formas mais elevadas se desenvolvem antes da fala fluente e espontânea. [...] Os pontos fortes de uma criança em língua estrangeira são os pontos fracos em uma língua materna, e vice-versa. Na sua própria língua, a criança conjuga e declina corretamente, mas sem se dar conta disso; não sabe distinguir o gênero, o caso ou o tempo da palavra que está empregando. Numa língua estrangeira, distingue entre os gêneros masculino e feminino e está consciente das formas gramaticais desde o início.* (Vygotsky, 1998, p. 136)

Tanto nos conceitos cotidianos como nos científicos, os primeiros significados são obtidos na interação com o outro. A gênese dos conceitos científicos, como vimos, apresenta um caminho diferente dos conceitos cotidianos. Os conceitos científicos só se desenvolvem por meio do ensino e da instrução, porque em sua constituição é fundamental a organização, a sistematização e a intencionalidade. Embora sejam sempre mediados na interação com os outros, os conceitos espontâneos ou do cotidiano são pseudoconceitos ou conceitos não bem definidos. Já a aprendizagem científica não representa apenas uma mudança conceitual, mas uma outra forma de conceituar.

Vimos que ambos os caminhos se influenciam mutuamente na progressão de sentidos opostos. Os conceitos científicos se enriquecem no mundo concreto, indo ao encontro dos conceitos cotidianos. Por outro lado, os conceitos do cotidiano se organizam e desenvolvem novos significados mais generalizantes e menos limitados ao mundo concreto.

Nada disso seria possível sem a mediação dos instrumentos utilizados pela escola. O aprendizado na escola induz ao pensamento generalizante, por trabalhar com conceitos científicos. A escola tem um papel decisivo na promoção da consciência da criança de seus processos mentais. Portanto, a consciência reflexiva surge por meio do conhecimento científico.

A sistematização própria dos conceitos científicos entra na mente da criança e depois é transferida para os conceitos cotidianos, modificando a sua estrutura psicológica de cima para baixo. O processo de desenvolvimento

> A escola tem um papel decisivo na promoção da consciência da criança de seus processos mentais.

define-se, assim, como a apropriação ativa do conhecimento disponível na sociedade da qual a criança faz parte. A apropriação que ela faz do real depende de como este lhe é apresentado, como as pessoas que organizam o real direcionam a sua percepção, como chamam a atenção ou desconsideram certos aspectos. O desenvolvimento da criança depende da apropriação que ela faz da experiência social, das regulações realizadas por outros, para a autorregulação.

> O ensino não deve ser direcionado para o que a criança, o adolescente ou o adulto já sabe. Deve, sim, antecipar-se ao desenvolvimento.

O ensino não deve ser direcionado para o que a criança, o adolescente ou o adulto já sabe. Deve, sim, antecipar-se ao desenvolvimento. O educador precisa provocar o desenvolvimento por meio do conhecimento científico. Para Vygotsky (1994), há uma relação complexa e dinâmica entre aprendizagem e desenvolvimento que não se reduz a um vínculo linear entre esses dois processos. Dependendo de sua complexidade, há aprendizagens que incidem muito (aprendizagem da aritmética e da língua escrita) e outras que incidem pouco sobre o desenvolvimento psicológico (andar de bicicleta, escrever à máquina).

Se considerarmos a característica social e cultural dos processos psicológicos superiores, a origem social dos sistemas simbólicos mediadores, que possibilitam o desenvolvimento das funções psicológicas superiores, o desenvolvimento como um processo de passagem do interpsíquico ou intermental ao intrapsíquico ou intramental, além do conceito de ZDP, podemos concluir que a interação social, em especial a realizada na escola, é determinante no desenvolvimento das características propriamente humanas: as funções psicológicas superiores.

Síntese

O desenvolvimento propriamente humano é cultural e social na sua origem e denominado assim porque depende da mediação de sistemas simbólicos. Nesse processo, parte-se de uma regulação pelos outros, no social, para uma autorregulação a partir das generalizações possibilitadas pela linguagem conceitual.

A educação formal, por centrar seu trabalho no conhecimento científico, induz a uma nova forma de organização do real, diferente da presente nos conceitos cotidianos. Há uma relação dialética entre conhecimentos científicos e conhecimentos cotidianos, ambos se interinfluenciando.

Para Vygotsky (1994), aprendizagem gera desenvolvimento. Cabe ao educador intervir na ZDP, no espaço compreendido entre o que a criança já sabe fazer e o que só conseguiria realizar com o auxílio de uma pessoa mais experiente, para provocar avanços no desenvolvimento. O trabalho com desafios e problemas que dependem do conhecimento científico para a sua resolução, e que estejam além da capacidade de a criança resolvê-los por si só, representa interessantes oportunidades de atuar na ZDP. As atividades envolvendo pequenos grupos, considerando níveis diferenciados de desenvolvimento de seus integrantes, também podem ser produtivas no sentido de intervir nas ZDPs.

A internalização de formas culturais de comportamento está relacionada à reconstrução, por meio das operações com signos, da atividade psicológica. A educação tem muito a contribuir nesse processo.

Indicações culturais

O ENIGMA de Kaspar Hauser. Direção: Werner Herzog. Alemanha: Werner Herzog Filmproduktion; Zweites Deutsches Fernsehen (ZDF), 1974. 110 min.

Baseado em uma história real, esse filme relata a história de Kaspar Hauser, um jovem encontrado perdido numa praça em 1828. Ele não falava nem conseguia ficar em pé, pois passara a vida toda trancado num cativeiro. O filme mostra seu desenvolvimento depois da inserção no contexto social.

NELL. Direção: Michael Apted. Produção: Jodie Foster e Renée Missel. EUA: 20th Century Fox; Poly Gram Filmed Entertainment; Egg Pictures, 1994. 115 min.

Uma jovem de 30 anos que passou toda a sua vida afastada de qualquer contato social passa a ser objeto de estudo de dois cientistas que procuram integrá-la à civilização. A trama do filme acaba propondo reflexões acerca da necessidade de convívio do indivíduo entre seres humanos para a sua caracterização humana.

Filmes didáticos sobre a teoria de Vygotsky podem ser encontrados nas bibliotecas de Psicologia e de Educação da USP, da Universidade Estadual de Campinas (Unicamp) e da UFPR (Setor de Educação).

Atividades de autoavaliação

1. Assinale (V) para verdadeiro ou (F) para falso nas seguintes alternativas:
    (   ) Vygotsky é um teórico comportamentalista.
    (   ) O professor deve organizar o real por meio de conhecimentos científicos, atuando na ZDP do aluno.

( ) O processo de internalização significa a passagem do social para o individual.

( ) A ZDP é o espaço entre o que o aluno sabe sozinho e o que ainda não sabe, mas que, com ajuda, pode desenvolver.

( ) Para Vygotsky, o desenvolvimento leva à aprendizagem.

( ) A origem social e cultural das funções psicológicas superiores justifica-se pela característica mediada da aprendizagem e do desenvolvimento humano.

( ) Vygotsky distingue na atividade mediada o uso de instrumentos físicos e psicológicos.

2. Assinale a alternativa correta:

a) Funções psicológicas inferiores são as funções encontradas em seres vivos em geral e envolvem atenção e memória voluntária, sensações, reações emocionais básicas etc.

b) O trabalho com conceitos científicos permite o desenvolvimento do pensamento generalizante.

c) Funções psicológicas superiores são tipicamente humanas e se desenvolvem a partir da meditação solitária.

d) Vygotsky não considera os conceitos cotidianos.

3. Assinale a alternativa incorreta:

a) Vygotsky propõe uma inter-relação entre a linha natural e a linha sociocultural do desenvolvimento.

b) Vygotsky diz que qualquer criança pode aprender qualquer coisa em qualquer idade.

c) Funções psicológicas superiores são: atenção e memória consciente, raciocínio abstrato, comportamento intencional, afetividade e ação conscientemente controlada.

d) As funções psicológicas superiores são primeiro desenvolvidas entre as pessoas para depois serem reconstruídas no indivíduo.

Atividades de aprendizagem

Questões para reflexão

1. Para o estudo mais aprofundado da perspectiva de Vygotsky, faça uma síntese (trazendo exemplos do seu cotidiano) do capítulo:

VYGOTSKY, L. S. **O desenvolvimento dos conceitos científicos na infância**. In: _____. **Pensamento e linguagem**. São Paulo: M. Fontes, 1998.

2. Leia e comente o capítulo:

VYGOTSKY, L. S. **O papel do brinquedo no desenvolvimento**. In: _____. **A formação social da mente**. São Paulo: M. Fontes, 1994.

Atividade aplicada: prática

Com base na perspectiva histórico-cultural, planeje uma aula em uma das áreas do conhecimento para uma das séries do ensino fundamental. Faça um quadro justificando cada atividade com argumentos relacionados à teoria de Vygotsky. Considere: objetivo geral, objetivo específico, conteúdo, metodologia, avaliação e recursos.

3.

Práticas educativas e desenvolvimento humano

Iniciando o diálogo

Nos capítulos anteriores, vimos que o desenvolvimento do indivíduo se dá na interação entre a sua bagagem hereditária e o meio físico, social e cultural em que ele está inserido. Tudo é resultado dessa interação: inteligência, afetividade, capacidade de socialização, consciência, personalidade, enfim, as características propriamente humanas.

Agora, discutiremos a **influência do grupo que acolhe o ser humano**, mediado pelas pessoas mais próximas responsáveis pela criança, e, em uma dimensão mais ampla, pelas instituições, valores e organização social dos quais esse grupo participa.

Assim, trazemos à reflexão, neste capítulo, a característica social e socializadora da educação em suas relações com o desenvolvimento e a aprendizagem do ser humano. Enfocaremos, na sequência, a família e suas funções, as características de certas práticas educativas e seus reflexos no desenvolvimento.

3.1
Função social e socializadora da educação

Todo conceito de desenvolvimento humano é inseparável de um conceito de cultura. A educação pode ser entendida como a categoria fundamental que permite o entendimento da relação entre aprendizagem, desenvolvimento e cultura. Ela possui função socializadora: sua natureza social nos faz conhecer e nos apropriar de valores, normas, práticas e estratégias de conhecimento próprios do grupo com o qual interagimos. A educação é aqui entendida em sentido amplo e não se restringe somente à escolarização.

Com relação ao indivíduo e à função socializadora da educação, Salvador et al. (1999, p. 142) afirmam:

> *Por meio das experiências educativas (experiências diversas, relativas a conteúdos diversos e também com diferentes graus de sistematização, com finalidades mais delimitadas ou difusas), esse indivíduo torna-se um membro ativo e participativo do seu grupo, à medida que vai compartilhando a cultura. Ao mesmo tempo, as aprendizagens que realiza, porque assim lhe permitem as experiências em que se vê imerso, constituem o motor por meio do qual se desenvolve em todas as suas capacidades-afetivo-relacionais, de equilíbrio pessoal, de inserção social, cognitivas e motoras. Podemos afirmar que graças às aprendizagens que as diversas experiências educativas possibilitam, o indivíduo*

configura-se como uma pessoa que compartilha com as outras determinados e fundamentais aspectos, porém é única e irrepetível, porque são únicos também os contextos específicos em que vive, e a maneira que tem de se apropriar das ferramentas culturais é idiossincrática.

Isso sugere que o que somos é o resultado da interação com processos culturais de socialização, que têm na educação e na aprendizagem o desenvolvimento de trajetórias semelhantes, porque ocorrem a partir de uma mesma cultura. Contudo, também são diferenciadas, porque o modo de se apropriar dessas práticas culturais e o que o sujeito efetivamente consegue realizar a partir das possibilidades em seu contexto constituem uma trajetória única.

Rogoff (1993) nos fala que o desenvolvimento é também uma construção social e cultural. Sociedades mais ou menos sofisticadas têm diferentes concepções sobre que indivíduo querem alcançar e, consequentemente, têm sua organização e seu planejamento voltados a esse alcance. Portanto, as sociedades permitem o maior ou menor acesso de seus membros aos bens da cultura. Há uma diferença fundamental no que tange a esse aspecto nas sociedades mais ou menos desenvolvidas.

Por outro lado, e em última análise, o desenvolvimento será o resultado da atividade do sujeito a partir daquilo a que ele tem acesso na cultura. Seria como o que ele faz ou pode fazer com o que o meio lhe dá.

> A educação pode ser entendida como a categoria fundamental que permite o entendimento da relação entre aprendizagem, desenvolvimento e cultura.

Voltando às diferenças entre as sociedades e seus reflexos nas práticas educativas, verificamos que, em sociedades com um nível

> Em última análise, o desenvolvimento será o resultado da atividade do sujeito a partir daquilo a que ele tem acesso na cultura. Seria como o que ele faz ou pode fazer com o que o meio lhe dá.

maior de complexidade, como as caracterizadas por um desenvolvimento científico e tecnológico muito elevado, as crianças compartilham suas experiências na família apenas em certo sentido, diferente de sua participação em sociedades mais primitivas e artesanais.

Em sociedades industrializadas, as crianças têm sua formação centrada em instituições construídas para esse fim, como é o caso da escola. Nessas instituições, substitui-se muito a aprendizagem realizada em contexto concreto, acompanhada por um especialista para o aprendizado de um ofício, pelos âmbitos educativos especificamente criados com o objetivo de ensinar e aprender certas atividades desvinculadas das cotidianas e habituais (Salvador et al., 1999).

Por exemplo, em nossa sociedade tecnificada e, até certo ponto, desenvolvida, há um prolongamento do período de infância em virtude de uma separação entre as atividades dos adultos e as das crianças. Por outro lado, podemos pensar que a aprendizagem seja prolongada indefinidamente em uma sociedade com domínio da técnica e da ciência.

Embora a criança participe de diferentes ambientes (familiar, escolar, grupo social), nem sempre esses ambientes se caracterizam como contextos de desenvolvimento.

> **pare e pense**
>
> O que é necessário para que um ambiente represente uma ótima situação ao desenvolvimento?

Salvador et al. (1999, p. 150) classificam os contextos de desenvolvimento como flexíveis e não rígidos. Para esses autores, um contexto de desenvolvimento se caracteriza "pela capacidade que têm de dar entrada às capacidades das crianças pequenas e significação às suas realizações pelo fato de colocarem os meios para 'prolongá-las', favorecendo a atuação autônoma".

Rogoff (1993) utiliza a expressão *participação orientada* para caracterizar a atividade orientada ao desenvolvimento da criança no sentido expresso pela cultura.

> **Saiba mais**
>
> A partir dessa perspectiva, um contexto de desenvolvimento seria aquele em que os papéis da criança e do seu responsável estão entrelaçados de modo que as interações cotidianas entre eles e a maneira como se organiza a atividade a partir deles levam a aprendizagens implícitas e explícitas, mas sempre situadas em uma determinada cultura.

3.2
A família como sistema

A família, em intrínseca relação com a cultura, representa seus valores e suas práticas. A "definição do que é uma família, as funções que tem, as oportunidades que oferece aos seus membros para aprenderem e se desenvolverem está condicionada aos valores culturais da comunidade em que está inserida" (Salvador et al., 1999, p. 154).

A família é entendida hoje como um sistema, no qual seus diferentes membros mantêm relações de interdependência entre si e vivem por tempo prolongado sob o mesmo teto. Assim, ela se constitui como uma rede na qual seus membros mantêm uma influência recíproca entre si.

O contexto familiar é primordial no desenvolvimento das pessoas. No entanto, sabemos que as características do desenvolvimento das crianças não se devem unicamente a ele. Outros contextos socializadores (escola, grupo social, outras instituições), além de macrofatores (situação econômica, política e social do país, entre outros), condicionam e determinam seu funcionamento.

Também temos de considerar que certas características podem estar parcialmente definidas quando a criança nasce (sua saúde, certas características do temperamento infantil, como o nível de atividade e de adaptabilidade a novas circunstâncias etc.). Entretanto, é pela atividade interativa da criança no meio social e cultural que será processado o seu desenvolvimento.

> **pare e pense** ❗ Então, o que torna a família tão importante?

Segundo Moreno e Cubero (1995), o contexto familiar é especialmente importante não só porque a criança permanece nele por longo período, mas porque possibilita a abertura ou o fechamento para outros contextos. Os processos de participação orientada, já citados nesta obra, são muito diferenciados, dependendo do grau de complexidade da cultura.

A família atual sofreu uma série de mudanças na maneira de viver: o ingresso da mulher no mundo do trabalho; o aumento de divórcios e separações; o aumento de famílias monoparentais (constituídas por um só progenitor com os filhos); famílias constituídas por pessoas do mesmo sexo etc. As famílias reconstituídas ou que determinam uma nova configuração, bem como as famílias com um só progenitor, são cada vez mais comuns.

> **pare e pense** ❗ Essas mudanças determinam, fatalmente, problemas no desenvolvimento da criança?

Schaffer (1990), citado por Salvador et al. (1999, p. 157), expressa, a partir de um estudo enfocando diferentes configurações familiares, que a natureza das relações interpessoais é o fator mais importante para o desenvolvimento da criança na família, e não uma configuração específica.

A afirmação anterior leva-nos a pensar que crianças advindas de famílias monoparentais podem apresentar maior capacidade de adaptação em situações de conflito do que as advindas de famílias com os dois progenitores. Outro aspecto interessante a ser considerado é que o contexto envolvendo pai e mãe nem sempre é o mais satisfatório para a criança. O fator principal é o tipo de relações interpessoais que se dão entre os membros da família. O desenvolvimento da criança está relacionado à qualidade das interações no contexto familiar.

> A influência dos pais no aprendizado é muito importante não só pela possibilidade de estes compreenderem e valorizarem a tarefa a ser aprendida e as dificuldades que a criança possa vir a encontrar, mas também por apresentarem a ela os meios para superar suas dificuldades.

3.3
Funções da família

Consideramos este tópico de grande importância no trabalho com famílias e na atividade articulada entre família, escola e comunidade. Muitas famílias, hoje, em virtude das diferentes mudanças ocorridas, não têm clareza quanto às funções que lhes cabem.

Conforme Cataldo (1987), citado por Salvador et al. (1999, p. 158-159), a maior parte dos estudiosos sobre família destaca, no mínimo, quatro responsabilidades em relação às suas crianças:

- As famílias têm a função de garantir a integridade física e psíquica de suas crianças. Devem oferecer, portanto, cuidado e proteção a elas, garantindo-lhes condições dignas de vida. Em sociedades mais desenvolvidas, há serviços de intervenção envolvendo suporte, assistência social e até retirada da custódia dos filhos, se necessário.

- É uma instituição que tem por função contribuir para a socialização das crianças em relação aos valores constituídos na sociedade. A família, juntamente à escola, é responsável pela transmissão cultural.

- Deve favorecer a abertura a outros contextos interativos, oferecendo suporte à evolução das crianças. Espera-se da família apoio e controle no progressivo processo de escolarização das crianças. A influência dos pais no aprendizado é muito importante não só pela possibilidade de estes compreenderem e valorizarem a tarefa a ser aprendida e as dificuldades que a criança possa vir a encontrar, mas também por apresentarem a ela os meios para superar suas dificuldades. As noções básicas do seu grupo cultural são dadas na família em termos de atitudes, uso de instrumentos, noções básicas do grupo cultural, além de estratégias para aprender.

- Outra função da família refere-se ao suporte para que as crianças se tornem pessoas psicologicamente equilibradas, capazes de estabelecer vínculos satisfatórios e respeitosos com os outros e consigo mesmas. Não há como dar conta dessa função se a própria família não mantém vínculos de respeito mútuo e afeto entre os seus membros.

O contexto envolvendo pai e mãe nem sempre é o mais satisfatório para a criança. O fator principal é o tipo de relações interpessoais que se dão entre os membros da família. O desenvolvimento da criança está relacionado à qualidade das interações no contexto familiar.

A dinâmica interativa da família resulta em possibilidades de desenvolvimento e se expressa em termos do reconhecimento ou não dessas funções. Essa dinâmica é apropriadamente apresentada por Salvador et al. (1999, p. 160):

> *Embora em diferentes graus, no contexto da família combinam-se as exigências com a estima, as diretrizes e os ajustes e o alento para enfrentá-las, as dificuldades com o reconhecimento por tê-las superado, a orientação direcionada à tarefa bem-feita com a possibilidade de errar, o estímulo até a autonomia progressiva com a segurança que proporciona saber que existem outras pessoas que a estimam e que estão dispostas a ajudar quando necessário. Aqui, nota-se que as experiências educativas oferecidas na família e aquilo que se aprende não podem ser examinados à margem de todos esses aspectos, à margem das relações em que tomam corpo, já que são esses os responsáveis pelo impacto que têm no desenvolvimento.*

Uma vez que a dinâmica interativa é fundamental ao desenvolvimento, é necessário que os cuidadores desenvolvam a capacidade de observação e de reflexão constantes sobre as próprias práticas.

3.4
Estilos parentais e desenvolvimento

Moreno e Cubero (1995, p. 192-193), apoiados nos estudos de Maccoby (1980), Maccoby e Martin (1983) e Damon (1983), apresentam a diferenciação entre as práticas educativas parentais basicamente a partir de quatro categorias: grau de controle, comunicação, afeto e exigência de maturidade. A base desses estudos encontra-se nas investigações de Baldwin et al. (1993) e Baumrind (1971; 1972; 1973), que procuraram explicar as diferenças de personalidade e de socialização das crianças a partir dos padrões de atuação dos pais.

As quatro categorias estudadas por Moreno e Cubero (1995, p. 192-193) são apresentadas na sequência.

1. **Controle**: os pais que usam de muito controle sobre os filhos têm por objetivo incutir neles certos padrões. Esse controle pode ser manifestado de forma consistente (as normas tendem a ser as mesmas e não mudam de um dia para o outro) ou inconsistente (quando há uso arbitrário de poder). Nesse último caso, as consequências tendem a ser especialmente negativas. Esse controle pode ser exercido por meio de:
   a) afirmação de poder – diante da transgressão de uma norma, os pais fazem uso do castigo físico ou da ameaça e retiram da criança objetos ou vantagens materiais;
   b) retirada de afeto – expressa-se o desagrado em relação a uma atitude da criança não por meio de castigo físico, mas de outros comportamentos, como ignorá-la, não falar com ela ou não a escutar, deixar em evidência sentimentos negativos em relação a ela;
   c) indução – evidenciada na obrigação da criança em refletir sobre o porquê de sua ação e sobre as suas consequências.

2. **Comunicação**: as características de pais altamente comunicativos incluem: fazer uso do raciocínio para obter a concordância da criança; explicar as razões da aplicação de uma dada punição ou restrição; escutar a opinião da criança, pedir a sua opinião e seus argumentos; modificar os seus comportamentos em função das alegações da criança. Baixos níveis de comunicação são próprios de pais que não têm o hábito de consultar as crianças nas decisões que as atingem e não explicam as regras de comportamento que são impostas a elas. Estão inclusos aqui pais que cedem a choros e queixas das crianças ou preferem distraí-las, em vez de raciocinar com elas sobre o problema.

Cleverson Bestel

3. **Exigências de amadurecimento**: pais com alto nível de exigência de amadurecimento de seus filhos os estimulam a desenvolver ao máximo suas possibilidades nos aspectos social, intelectual e emocional. Também os levam a tomar decisões por si próprios. Já os pais que não impõem desafios e exigências a seus filhos costumam desconsiderar a capacidade das crianças em

realizar tarefas sozinhas. Muitas vezes, as teorias que os pais têm sobre desenvolvimento humano os impedem de intervir no desenvolvimento. Acreditam que ele segue seu próprio curso.

4. **Afeto**: pais afetuosos demonstram interesse e carinho pela criança e por tudo o que envolve o seu bem-estar físico e emocional. São pais sensíveis às necessidades delas, aos seus estados emocionais. Demonstram alegria e orgulho pelos seus êxitos e comportamentos. Interessam-se pelas coisas que as preocupam e por seus desejos. Essa é uma dimensão de grande importância e que age sobre a influência de todas as outras. A criança entende de forma diferente o controle exercido com afeto ou sem afeto.

A combinação dessas quatro dimensões ou categorias determina diferentes tipos de pais. Raramente há a identificação de pais em apenas uma dessas classificações. No entanto, o comportamento predominante da maior parte deles assemelha-se a um ou outro desses estilos. A seguir, veremos os padrões de atuação e suas consequências (Moreno; Cubero, 1995, p. 193-195).

1. **Pais autoritários**: apresentam muito controle e exigência de maturidade, ao mesmo tempo que têm pouco afeto e comunicação com seus filhos. Concentram esforços em controlar e avaliar as atitudes dos filhos de acordo com padrões rígidos preestabelecidos. Defendem o valor da obediência e da autoridade, independente da opinião da criança sobre o que considera correto, e costumam usar castigo e medidas disciplinares severas para corrigi-la. Às vezes, rejeitam os filhos como forma de punição. Como o grau de controle é elevado, restringindo o comportamento das crianças, acompanhado de falta de afeto e de falta de comunicação, tendem a produzir crianças obedientes, ordeiras e pouco agressivas. Por outro lado, elas costumam ser

mais tímidas e pouco persistentes ao voltar-se a algum objetivo. A explicação desses pais costuma ser: "Faça porque estou dizendo", ao mesmo tempo, em que insistem no cumprimento cego de tais normas.

Consequências: crianças com pobre interiorização de valores morais, mais preocupadas com a gratificação e com o castigo que com a validade intrínseca de um comportamento. Manifestam, como seus pais, poucas expressões de afeto quando interagem com seus pares, costumam ser pouco espontâneas, não tomam iniciativa nas interações e, por vezes, apresentam problemas no estabelecimento de relações. Em virtude do excesso de autoritarismo e das poucas possibilidades de escolha, essas crianças não chegam a desenvolver autocontrole porque o lugar de controle que reconhecem é externo, o que os leva a não se perceberem a si como responsáveis por êxitos ou fracassos. Apresentam também baixa autoestima e dependência para realizar tarefas sozinhas. A falta de comunicação na família as leva a serem pouco alegres, mais coléricas, tensas, apreensivas, infelizes e irritáveis.

2. **Pais permissivos**: são a antítese dos pais autoritários. Apresentam muito diálogo e afeto e pouca exigência de maturidade e controle. Geralmente têm uma atitude positiva e otimista quanto ao desempenho de seus filhos. Aceitam suas condutas, desejos e impulsos e quase não usam castigos. Tendem a perguntar à criança sobre decisões que a afetam, mas não exigem dela responsabilidades nem ordem. Permitem à criança a auto-organização em todas as atividades, não existindo atividades que estruturem sua vida (hora de assistir televisão, de comer etc.). Embora esses pais usem o raciocínio, rejeitam totalmente o controle sobre a criança.

Consequências: em virtude do baixo nível de controle e de exigência de maturidade, essas crianças tendem a ter problemas para controlar seus impulsos e assumir responsabilidades. São imaturas e têm baixo nível de autoestima. Por outro lado, aparecem como mais alegres e espontâneas que os filhos de pais autoritários.

Cleverson Bestel

3. **Pais democráticos**: apresentam altos níveis de comunicação e de afeto, assim como de controle (trabalham normas de forma consistente), de exigência de maturidade e de maior independência. São pais que reforçam frequentemente o comportamento da criança e evitam o castigo. São sensíveis às solicitações de atenção da criança, mas não fazem tudo o que ela quer. Dirigem e controlam a criança estando atentos aos seus sentimentos, pontos de vista e capacidades de evolução. Explicam os motivos que os levam a adotar uma forma de agir na educação. Esses pais podem mudar de postura ao ouvir os argumentos da criança, mas não o fazem por lamentações ou teimosias. **Consequências**: filhos desses pais tendem a ter níveis altos de autocontrole. São capazes de lidar com situações novas com iniciativa e confiança e persistem nas tarefas que iniciam. Costumam ser hábeis nas relações interpessoais, independentes e carinhosos. Têm valores morais interiorizados, julgando os atos em função de sua intenção, visto que seus pais também têm essa prática.

Cleverson Bestel

Podemos pensar que o pior contexto educativo é o negligente, em oposição ao democrático.

O contexto negligente se caracteriza pela ausência das categorias apresentadas: afeto, comunicação, controle e exigência de maturidade. Esse contexto está relacionado à produção da marginalidade e da delinquência. É preciso mostrar um caminho, para que o sujeito crie, depois, o seu. O contexto negligente não trabalha caminho algum.

O contexto autoritário, embora apresente problemas, permite o avanço no desenvolvimento. Já o permissivo dificulta o processo de desenvolvimento porque fixa o sujeito em uma situação de excessiva gratificação, afinal, quem quer sair de uma condição que representa o paraíso?

A atuação do educador deve ser no sentido de um contexto democrático, que considere tanto afeto e diálogo como controle e exigência de maturidade.

É possível pensar, a partir desse conjunto de características, que as práticas mais efetivas no sentido do desenvolvimento são as que apresentam de forma equilibrada todas as categorias apresentadas. Pensamos que essas categorias não são só válidas para a interação entre pais e filhos, elas podem ser consideradas em qualquer contexto educativo.

> Acreditar na possibilidade de mudança é fundamental para qualquer educador, mas as mudanças se processam lentamente e estão relacionadas à atividade do sujeito a partir das possibilidades estáveis e regulares que o meio oferece.

Se entendermos o controle como a necessidade de estabelecimento de certos limites, veremos que todo contexto educativo saudável – grupo social, sala de aula, relacionamento de amizade, relacionamento amoroso ou outro – deve considerar a necessidade do equilíbrio entre gratificação (afeto e diálogo) e frustração (limites e exigência de maturidade). O peso maior em um ou outro pode determinar consequências semelhantes às apresentadas em crianças.

Os adultos também desenvolvem, a partir de sua interação estável e regular com determinadas influências, mudanças na sua forma de ver e entender o mundo. Para tanto, é preciso um contexto favorável ao processo de revisão de concepções. Esse contexto também pode ser entendido como o que trabalha limites, afeto, exigência de maturidade e comunicação, aspectos importantes para a realização do trabalho educativo.

Acreditar na possibilidade de mudança é fundamental para qualquer educador, mas as mudanças se processam lentamente e estão relacionadas à atividade do sujeito a partir das possibilidades estáveis e regulares que o meio oferece.

Se relacionarmos as contribuições deste capítulo ao conjunto da obra, observaremos que em Piaget encontramos mais bem descrito o processo de desenvolvimento do sujeito a partir das influências de um contexto social, pois a dimensão construtivista é melhor desenvolvida por esse teórico. Por outro lado, é Vygotsky quem vai introduzir a cultura nos estudos sobre o desenvolvimento psicológico humano. Sendo assim, a dimensão sociointeracionista é mais bem trabalhada em Vygotsky. Consideramos ambos como indispensáveis, apesar de suas diferenças fundamentais. As práticas educativas, sempre situadas em um contexto histórico-cultural, estão intrinsecamente relacionadas às construções individuais tanto no âmbito cognitivo como no afetivo, no moral e no social.

Síntese

Neste capítulo, situamos as práticas educativas em seu contexto mais amplo: a cultura e o grupo social em um de seus contextos mais específicos: a família. As práticas educativas são afetadas, basicamente, pelo tipo de conhecimento valorizado em determinada cultura e pelo modo como se permite o acesso a ele.

A família é afetada diretamente pela cultura. As práticas parentais são o reflexo das pautas de criação de filhos em dada cultura e manifestam o que se pretende alcançar com a educação. Nesse sentido, o contexto democrático, que se objetiva em práticas educativas participativas, impõe-se como o mais adequado quanto à possibilidade de acesso ao conhecimento porque permite o desenvolvimento do argumento racional e da necessidade de respeito à diversidade e à pluralidade.

Indicações culturais

A FANTÁSTICA fábrica de chocolate. Direção: Mel Stuart. Produção: Stan Margulies e David L. Wolper. EUA: Warner Bros; The Quaker Oats Company; David L. Wolper Productions, 1971. 98 min.

Esse filme apresenta a história de um menino pobre que tem a oportunidade, junto de outras crianças, de conhecer uma fantástica fábrica de chocolate. O contexto em que se desenrola a história permite observar diferentes práticas familiares e suas consequências na formação e no desenvolvimento das crianças.

IRMÃS gêmeas. Direção: Ben Sombogaart. Produção: Hanneke Niens e Anton Smit. Holanda: Miramax Films; PlayArte, 2002. 129 min.

Esse filme conta a história de duas irmãs gêmeas separadas na infância e criadas em países e condições socioculturais diferentes. Quando finalmente se reencontram, as diferenças são significativas.

Atividades de autoavaliação

1. Assinale com verdadeiro (V) ou falso (F) as seguintes proposições:

    ( ) O desenvolvimento pode ser entendido como a interação entre o biológico e o cultural mediada, em um primeiro momento, pela família.

    ( ) O conceito de desenvolvimento humano é inseparável do conceito de cultura.

    ( ) A educação explica a relação entre desenvolvimento, aprendizagem e cultura.

    ( ) Há diferenças fundamentais entre os meios educativos utilizados pelas sociedades mais desenvolvidas e pelas menos desenvolvidas.

    ( ) Pais competentes reconhecem que as crianças devem seguir apenas seus impulsos.

    ( ) O contexto negligente é menos prejudicial ao desenvolvimento que o autoritário.

2. Assinale a alternativa incorreta:

   a) Apesar das mudanças sociais, econômicas e políticas, o modelo de família continua sendo a nuclear, composta de pai, mãe e filhos.

   b) Os contextos de desenvolvimento se caracterizam não por sua rigidez, mas por sua flexibilidade.

   c) Na participação orientada, é favorecida a atuação autônoma, começando pela atuação compartilhada.

   d) A potencialidade das práticas educativas depende do quanto facilitam o acesso aos elementos da cultura.

3. Assinale a alternativa correta:

   a) O que importa para o desenvolvimento na família é a natureza das relações interpessoais, e não uma configuração específica, como a constituída por mãe, pai e filhos.

   b) A família como um sistema significa que cada membro tem sua total independência do outro.

   c) A função da família é apenas dar afeto, a preocupação com a aprendizagem é dever da escola.

   d) Práticas educativas autoritárias tendem a produzir crianças felizes e autônomas.

Atividades de aprendizagem

Questões para reflexão

1. Pesquise sobre a relação entre práticas educativas em diferentes culturas e o desenvolvimento social, afetivo e cognitivo. Relacione com aspectos discutidos neste capítulo.

2. Para um estudo mais aprofundado das interações entre indivíduo e cultura, faça uma síntese do capítulo:

BRONFENBRENNER, U. A ecologia do desenvolvimento humano. In: ____. **A ecologia do desenvolvimento humano**: experimentos naturais e planejados. Porto alegre: Artes Médicas, 1996.

Relacione o capítulo às principais ideias trabalhadas neste livro.

Atividades aplicadas: prática

1. Escolha uma série do ensino fundamental e realize uma observação durante uma semana das características das práticas educativas nessa turma. Desenvolva um levantamento minucioso e justificado, buscando ver a presença de contextos educativos autoritários, permissivos, democráticos ou negligentes. Verifique as consequências nos alunos do tipo de contexto encontrado. Apresente suas observações como relatório de observação de práticas educativas.

2. Busque no *site* do Scielo (http://www.scielo.br) um artigo recente envolvendo o construtivismo piagetiano ou o sociointeracionismo de Vygotsky. Faça uma síntese dos principais aspectos contidos no artigo, considerando: objetivo, revisão de literatura, metodologia, resultados, análise, discussão e conclusão. Como você poderá utilizar as contribuições do artigo escolhido em sua prática pedagógica?

Considerações finais

Caro leitor, esta obra se encerra trazendo a reflexão sobre o quanto influenciamos uns aos outros nos diferentes contextos interativos, processo no qual deve haver muita responsabilidade. A atividade interativa é situada em uma dada cultura e influenciada por esta; mas, ao mesmo tempo, desencadeia novas mudanças.

A atividade situada e mediada vem a ser a mola propulsora do desenvolvimento de nossas melhores possibilidades. Cabe a nós, educadores, repensar constantemente nossas práticas educativas no sentido da promoção da aprendizagem e do desenvolvimento. Nessa reflexão sobre nossas práticas, podemos contar com grandes clássicos do desenvolvimento cognitivo, ambos interacionistas e construtivistas: Piaget e Vygotsky. Piaget foca sua atenção no processo de construção do conhecimento no sujeito; Vygotsky, na influência do meio social e cultural no processo de desenvolvimento humano. Ambos contribuem de maneira original para o entendimento das complexas relações entre desenvolvimento e aprendizagem.

Para Piaget, as construções individuais seguem o caminho de uma centração no sujeito a uma descentração, característica do desenvolvimento da racionalidade e da autonomia. Esse movimento parte de uma centração acentuada nas necessidades e desejos próprios para uma maior capacidade de pensar a partir do outro e de realizar trocas sociais conscientes. Nesse sentido, para esse teórico, o caminho vai do individual para o social. Em Vygotsky, entendem-se os processos de regulação pelos outros, ou interpsíquicos, como determinantes para o desenvolvimento dos processos intrapsíquicos, autorregulados ou internos ao sujeito. Nesse sentido, em Vygotsky, segue-se o caminho do social ao individual.

As perguntas a partir das quais partem as pesquisas de Piaget e Vygotsky são diferentes. Piaget quer saber como se dá a construção do conhecimento no sujeito e Vygotsky tem por objetivo investigar a influência da cultura e da sociedade na construção do sujeito. Em Piaget, o foco principal está na compreensão do sujeito; em Vygotsky, como a instrução pode ampliar as possibilidades de desenvolvimento deste sujeito.

Há muitas outras diferenças entre Piaget e Vygotsky, como o seu entendimento sobre a relação entre conceitos espontâneos e científicos. Para Piaget, há uma continuidade entre os conceitos espontâneos e os científicos, sendo os espontâneos condição para os científicos. Para Vygotsky, há uma descontinuidade, visto que são dois processos diferentes de construção, mas interdependentes. Os conceitos espontâneos seguem o movimento ascendente em direção aos científicos e os científicos o movimento descendente em direção aos espontâneos, havendo uma relação de interdependência entre eles.

Para Piaget, desenvolvimento é condição para a aprendizagem. A aprendizagem sempre depende do nível de desenvolvimento. Já para Vygotsky, a mente é social desde o início. Desde o momento em que nascemos iniciamos o nosso processo de aprendizagem e esta, interiorizada, leva ao desenvolvimento. Nesse sentido, todas as funções psicológicas são primeiro encontradas no contexto social e cultural de interação.

Aprendizagem e desenvolvimento, desenvolvimento e aprendizagem: dois polos de um ciclo dialético que só se encerra com o fim da vida. O ciclo apresenta, em sua essência, algo que se conserva e algo que se transforma, levando a avanços. Do educador espera-se a promoção de mudanças psicológicas, que impliquem no aumento da possibilidade de acesso à cultura, e, fundamentalmente, a promoção da aprendizagem, que contribua para o desenvolvimento.

O sentido desta obra objetiva-se nesse desafio.

Glossário[a]

Construtivismo: Postura pedagógica derivada, principalmente, da teoria de Piaget. Entende que todo conhecimento se constrói a partir da ação e parte de um nível inferior para um nível superior de desenvolvimento.

Interacionismo: Posição teórica que considera a interação entre a bagagem hereditária e o meio físico e social como determinante do desenvolvimento. Está em oposição ao inatismo e ao empirismo.

Participação orientada: Termo proposto por Rogoff (1993) para definir a prática educativa que conduz ao desenvolvimento da cultura. Segue, basicamente, o caminho proposto por Vygotsky: da participação orientada com apoio ao conhecimento autônomo. Em vez do conceito de internalização de Vygotsky, Rogoff propõe o conceito de apropriação.

---

a. Este glossário é baseado em Houaiss e Villar (2009).

Sociointeracionismo: Postura pedagógica derivada de Vygotsky que concebe a origem da aprendizagem e do desenvolvimento na interação do sujeito com o contexto social e cultural.

Referências

BALDWIN, A. et al. Stability of intelligence from preschool to adolescence: the influence of social and family risk factors. **Child Development**, [S.l.], v. 64, n. 1, p. 80-97, 1993.

BAUMRIND, D. **Current parents of paternal authority**. Developmental Psychology Monograph, [S.l.], 4 (1, Pt. 2), 1971.

____. Socialization and instrumental competence in young children. In: HARTUP, W. W. (Ed.). **The young child**: reviews of research. Washington: National Association for the Education of Young Children, 1972. p. 202-224. 2 v.

____. The development of instrumental competence through socialization. In: PICK, A. D. **Minnesota symposium on child psychology**. Minneapolis: University of Minnesota Press, 1973. p. 3-46. 7 v.

BOTH, I. J. **Avaliação planejada, aprendizagem consentida**: a fisiologia do conhecimento. Curitiba: Ibpex, 2007.

BRAGA, L. W. **Cognição e paralisia cerebral**. Salvador: Sarah Letras, 1995.

BRONFENBRENNER, U. **A ecologia do desenvolvimento humano**: experimentos naturais e planejados. Porto alegre: Artes Médicas, 1996.

CATALDO, C. Z. **Aprendiendo a ser padres**: conceptos y contenidos para el diseño de programas de formación de padres. Madrid: Visor, 1987. (Coleção Aprendizaje).

COLL, C. et al. **Desenvolvimento psicológico e educação**: psicologia evolutiva. Porto Alegre: Artes Médicas, 1995.

COSTA, M. L. A. **Piaget e a intervenção psicopedagógica**. 2. ed. São Paulo: Olho D'água, 1997.

DAMON, W. **Social and personality development**. New York: Norton and Company, 1983.

DANTAS, H. **A infância da razão**. São Paulo: Manole, 1990.

DOLLE, J. M. **Para compreender Jean Piaget**: uma iniciação à psicologia genética piagetiana. Rio de Janeiro: J. Zahar, 1975.

FRANCO, S. R. K. **O construtivismo e a educação**. 6. ed. Porto Alegre: Mediação, 1995.

GARDNER, H. **Estruturas da mente**: a teoria das inteligências múltiplas. Porto Alegre: Artes Médicas, 1994.

GOLEMAN, D. **Inteligência emocional**. Rio de Janeiro: Objetiva, 1995.

GREGOIRE, J. **Avaliando as aprendizagens**: os aportes da psicologia cognitiva. Porto Alegre: Artmed, 2000.

HOUAISS, A.; VILLAR, M. de S. **Dicionário Houaiss da língua portuguesa**. Rio de Janeiro: Objetiva, 2009.

KUPFER, M. C. **Freud e a educação**. São Paulo: Scipione, 1989.

LA TAILLE, Y.; OLIVEIRA, M. K.; DANTAS, H. **Piaget, Vygotsky, Wallon**: teorias psicogenéticas em discussão. São Paulo: Summus, 1992.

LAJONQUIÈRE, L. **De Piaget a Freud**: para repensar as aprendizagens. A (psicopedagogia) pedagogia entre o conhecimento e o saber. 5. ed. Petrópolis: Vozes, 1992.

LURIA, A. R. **Desenvolvimento cognitivo**: seus fundamentos culturais e sociais. São Paulo: Ícone, 1988.

MACCOBY, E. E. **Social development**. New York: Harcout Brace Jovanovich, 1980.

MACCOBY, E. E.; MARTIN, J. A. Socialization in the context of the family: parent-child interactins. In: HETHERINGTON, E. M. (Ed.). **Socialization, personality and social development**. New York: Wiley, 1983.

MORENO, M. C.; CUBERO, R. Relações sociais nos anos pré-escolares: família, escola, colegas. In: COLL, C. et al. **Desenvolvimento psicológico e educação**: psicologia evolutiva. Porto Alegre: Artes Médicas, 1995.

MUSSEN, P. H.; CONGER, J. J.; KAGAN, J. **Desenvolvimento e personalidade da criança**. São Paulo: Harbra, 1977.

OLIVEIRA, M. K. **Vygotsky**: aprendizado e desenvolvimento: um processo sócio-histórico. São Paulo: Scipione, 1993.

PATTO, M. H. S. **Introdução à psicologia escolar**. São Paulo: T. A. Queiroz, 1982.

PIAGET, J. **A epistemologia genética**. Petrópolis: Vozes, 1973a.

____. **A formação do símbolo na criança**: imitação, jogo, sonho, imagem e representação. 3. ed. Rio de Janeiro: J. Zahar, 1978.

____. Cognitive development in children: development and learning. **Journal of Research in Science Teaching**, [S.l.], v. 2, n. 3, p. 176-186, 1964.

____. **Estudos sociológicos**. Rio de Janeiro: Forense, 1965.

____. **La construction du réel chez l'enfant**. Neuchâtel: Delachaux et Niestlé, 1937.

____. **La naissance de l'intelligence chez l'enfant**. Neuchâtel: Delachaux et Niestlé, 1936.

____. **La prise de conscience**. Paris: PUF, 1974a.

____. L'évolution intellectuelle entre l'adolescence et l'âge adulte. In: CONGRÈS INTERNATIONAL FONEME SUR LA FORMATION HUMAINE DE L'ADOLESCENCE À LA MATURITÉ ET DÉCERNEMENT DES PRIX FONEME, 3., 1970, Milano: Foneme, 1970. p. 149-156.

____. **O julgamento moral da criança**. São Paulo: Mestre Jou, 1977.

____. **Problemas de psicologia genética**. Rio de Janeiro: Forense, 1973b.

____. **Psicologia e pedagogia**. Rio de Janeiro: Forense, 1985.

____. **Réussir et comprendre**. Paris: PUF, 1974b.

____. **Seis estudos de psicologia**. Rio de Janeiro: Forense, 1969.

PIAGET, J.; INHELDER, B. **O desenvolvimento das quantidades físicas na criança**. 3. ed. Rio de Janeiro: J. Zahar, 1983.

PIAGET, J.; SZEMINSKA, A. **La genèse du nombre chez l'enfant**. Neuchâtel: Delachaux et Niestlé, 1941.

POZO, J. I. **Teorias cognitivas da aprendizagem**. Porto Alegre: Artes Médicas, 1998.

ROGOFF, B. **Aprendices del pensamiento**: el desarrollo cognitivo em el contexto social. Barcelona: Paidós Ibérica, 1993.

SALVADOR, C. C. et al. **Psicologia da educação**. Porto Alegre: Artmed, 1999.

SCHAFFER, H. R. **El context socio-familiar en l'educación de l'infant**. Barcelona: AAPSA Rosa Sensat, 1990. (Col-lecció Temes d'Infància).

STOLTZ, T. **Capacidade de criação.** Petrópolis: Vozes, 1999.

_____. **Interação social e tomada de consciência da noção de conservação da substância e do peso.** 2001. 201 f. Tese (Doutorado em Psicologia da Educação) – Pontifícia Universidade Católica de São Paulo, São Paulo, 2001.

_____. **Saúde psicológica.** Campinas: Átomo/Alínea, 2000.

STOLTZ, T.; PARRAT-DAYAN, S.; VONÈCHE, J. (Org.). Dossiê: Cognição, interação social e educação. **Educar em Revista,** Curitiba, n. 30, p. 13-16, jul./dez. 2007.

STOLTZ, T. ; GUIMARÃES, S. **Tomada de consciência e conhecimento metacognitivo.** Curitiba: Ed. da UFPR, 2008.

STOLTZ, T.; GUÉRIOS, E. **Educação e alteridade.** São Carlos: EdUFSCar, 2010.

VYGOTSKY, L. S. **A formação social da mente.** São Paulo: M. Fontes, 1994.

_____. **El desarrollo de los procesos psicológicos superiores.** Barcelona: Crítica, 1979.

_____. **Pensamento e linguagem.** São Paulo: M. Fontes, 1998.

WALLON, H. **As origens do pensamento na criança.** São Paulo: Manole, 1988.

WERTSCH, J. V. **Vygotsky y la formación social de la mente.** Barcelona: Paidós Ibérica, 1988.

Bibliografia comentada

Seguem algumas referências para o aprofundamento nos temas tratados neste livro.

PIAGET, J. **Problemas de psicologia genética**. Rio de Janeiro: Forense, 1973.

Esse livro revê alguns dos principais conceitos piagetianos. Trata-se de uma obra-síntese.

PIAGET, J. **O julgamento moral da criança**. São Paulo: Mestre Jou, 1977.

Esta é considerada uma obra clássica sobre o desenvolvimento da moralidade a partir do estudo do jogo de regras das crianças.

VAN DER VEER, R.; VALSINER, J. **Vygotsky:** uma síntese. São Paulo: Loyola, 1996.

Representa a melhor síntese de que dispomos em língua portuguesa da obra de Vygotsky.

VYGOTSKY, L. S. **Pensamento e linguagem**. São Paulo: M. Fontes, 1998.

Trata-se de leitura obrigatória no âmbito de uma perspectiva histórico-cultural. Vygotsky enfoca as relações entre pensamento e linguagem na ontogênese e na filogênese. Sua teoria do desenvolvimento é uma teoria da educação.

VYGOTSKY, L. S. **A formação social da mente**. São Paulo: M. Fontes, 1994.

Esse livro traz uma coletânea apresentando tópicos de grande interesse para a educação, em especial a internalização das funções psicológicas superiores e o uso de instrumentos.

BRONFENBRENNER, U. **A ecologia do desenvolvimento humano**: experimentos naturais e planejados. Porto alegre: Artes Médicas, 1996.

É uma obra relevante para entendermos o desenvolvimento dentro de uma cultura. Em uma perspectiva ecológica, Bronfenbrenner explica a influência de diferentes sistemas no desenvolvimento.

Respostas

Capítulo 1

Atividades de autoavaliação

1. F, V, F, V, F, V
2. c
3. d

Capítulo 2

Atividades de autoavaliação

1. F, V, V, V, F, V, V
2. b
3. b

Capítulo 3

Atividades de autoavaliação

1. V, V, V, V, F, F
2. a
3. a

Sobre a autora

Tania Stoltz é formada em Educação Artística (1984) pela Faculdade de Educação Musical do Paraná (Femp), atual Faculdade de Artes do Paraná, e em Pedagogia (1988) pela Universidade Tuiuti do Paraná (UTP). É mestre em Educação (1992) pela Universidade Federal do Paraná (UFPR) e doutora em Educação na área de Psicologia da Educação (2001) pela Pontifícia Universidade Católica de São Paulo (PUC-SP). Concluiu o pós-doutorado em 2007 nos Archives Jean Piaget, na Universidade de Genebra, Suíça. Professora há 13 anos na UFPR, atua na graduação e na pós-graduação, orientando dissertações e teses. Foi coordenadora do acordo de cooperação científica entre os Archives Jean Piaget, na Suíça, e a UFPR entre os anos de 2003 a 2008. Atualmente coordena o acordo de cooperação científica entre a Universidade Alanus, na Alemanha, e a UFPR. Entre outros, é autora dos livros *Capacidade de criação* (1999), pela Editora Vozes, e *Saúde psicológica* (2000), pela Editora Átomo/Alínea. É também organizadora, juntamente com Silvia Parrat-Dayan e Jacques Vonèche, do Dossiê nº 30 da Educar em Revista – *Cognição, interação social e educação* (2007) e organizadora, juntamente com Sandra Guimarães, da obra *Tomada de consciência e conhecimento metacognitivo* (2008), publicada pela Editora da UFPR, bem como da obra *Educação e alteridade* (2010) junto com Ettiene Guérios pela UFSCar.

Impressão: GRÁFICA MONA
Abril/2015